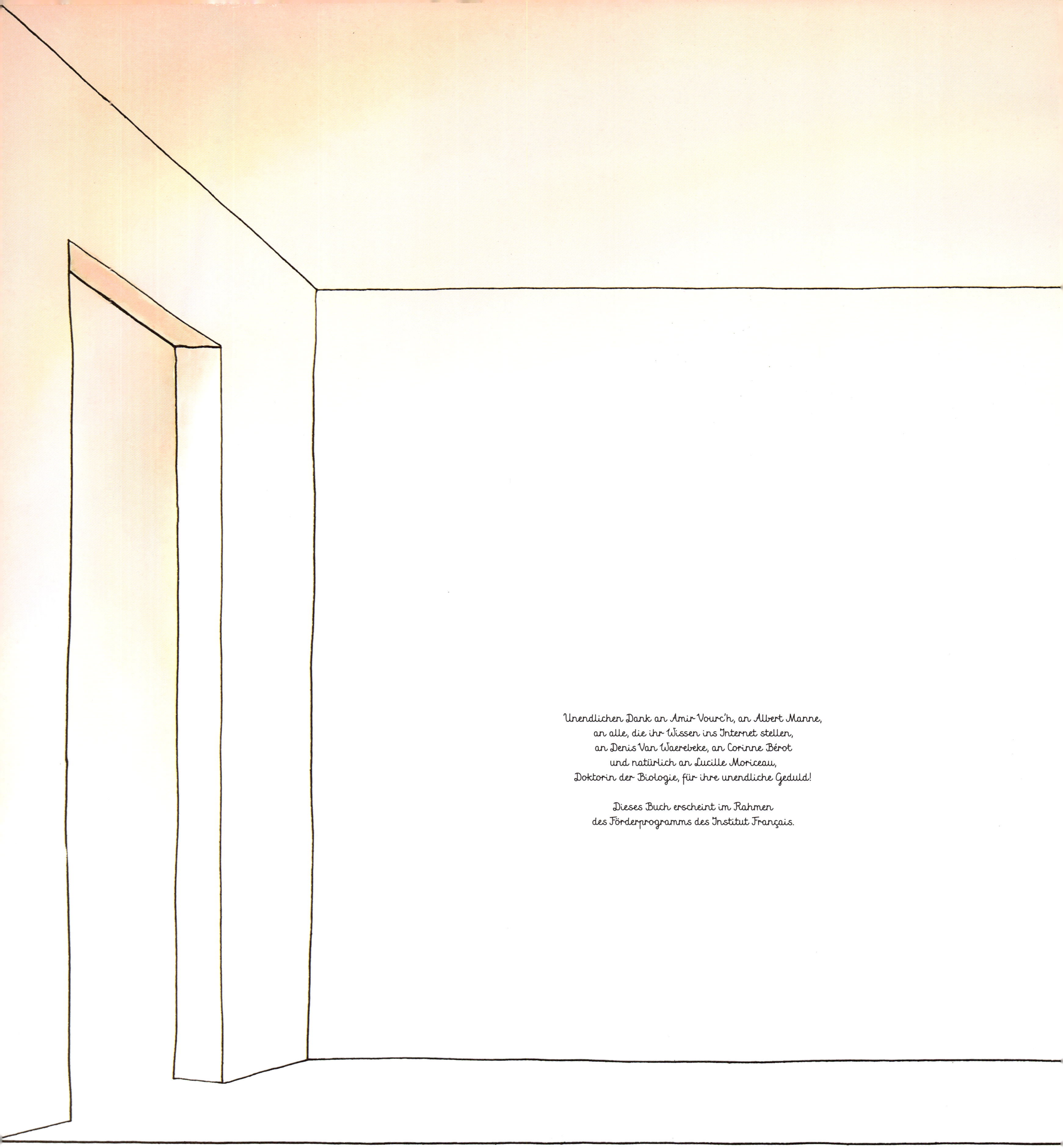

Unendlichen Dank an Amir Vourc'h, an Albert Manne,
an alle, die ihr Wissen ins Internet stellen,
an Denis Van Waerebeke, an Corinne Bérot
und natürlich an Lucille Moriceau,
Doktorin der Biologie, für ihre unendliche Geduld!

Dieses Buch erscheint im Rahmen
des Förderprogramms des Institut Français.

1. Auflage 2017

Die französische Originalausgabe erschien 2016 unter dem Titel *Comment fabriquer son grand frère* © 2016 l'école des loisirs, Paris
Druck: Grafiche AZ, Verona
Printed in Italy
ISBN 978 3 89565 350 6
www.moritzverlag.de

Anaïs Vaugelade

ICH BAU MIR EINEN GROSSEN BRUDER

Wie unser Körper funktioniert

Aus dem Französischen
von Tobias Scheffel

Moritz Verlag
Frankfurt am Main

Heute baut sich Susa einen großen Bruder.

Nicht so ein kleines Baby wie ihre Schwester Marianna, die nur krabbelt und nicht mal Ball spielen kann, nein, einen GROSSEN Bruder. Susa weiß ganz genau, wie er sein soll, und fängt sofort an.

Die Puppen und Stofftiere helfen Susa. Das Krokodil leiht ihr seine *Enzyclopedia Crocodilis*. Das ist ein sehr nützliches Buch: Man findet darin auf jede Frage eine Antwort.

Als Allererstes braucht man für einen Bruder Knochen. Die Stofftiere fragen das Krokodil, ob es selbst Knochen hat: Ja, das Krokodil hat welche. Und Susa hat auch welche. Man kann sie nicht sehen, weil sie sich innen im Körper befinden. (Das nennt man *Innenskelett*.)

Die weiße Puppe hat keine Knochen in ihrem Körper. Ihr Körper ist außen hart, so wie bei Garnelen und Krebsen. (Das nennt man *Außenskelett*.)

Die rote Babypuppe hat gar keine Knochen, weder außen noch innen, dafür ist sie mit Watte ausgestopft. Genauso ist es bei der Nacktschnecke oder dem Regenwurm. Allerdings sind die Nacktschnecke und der Regenwurm voller Muskeln und nicht voller Watte.

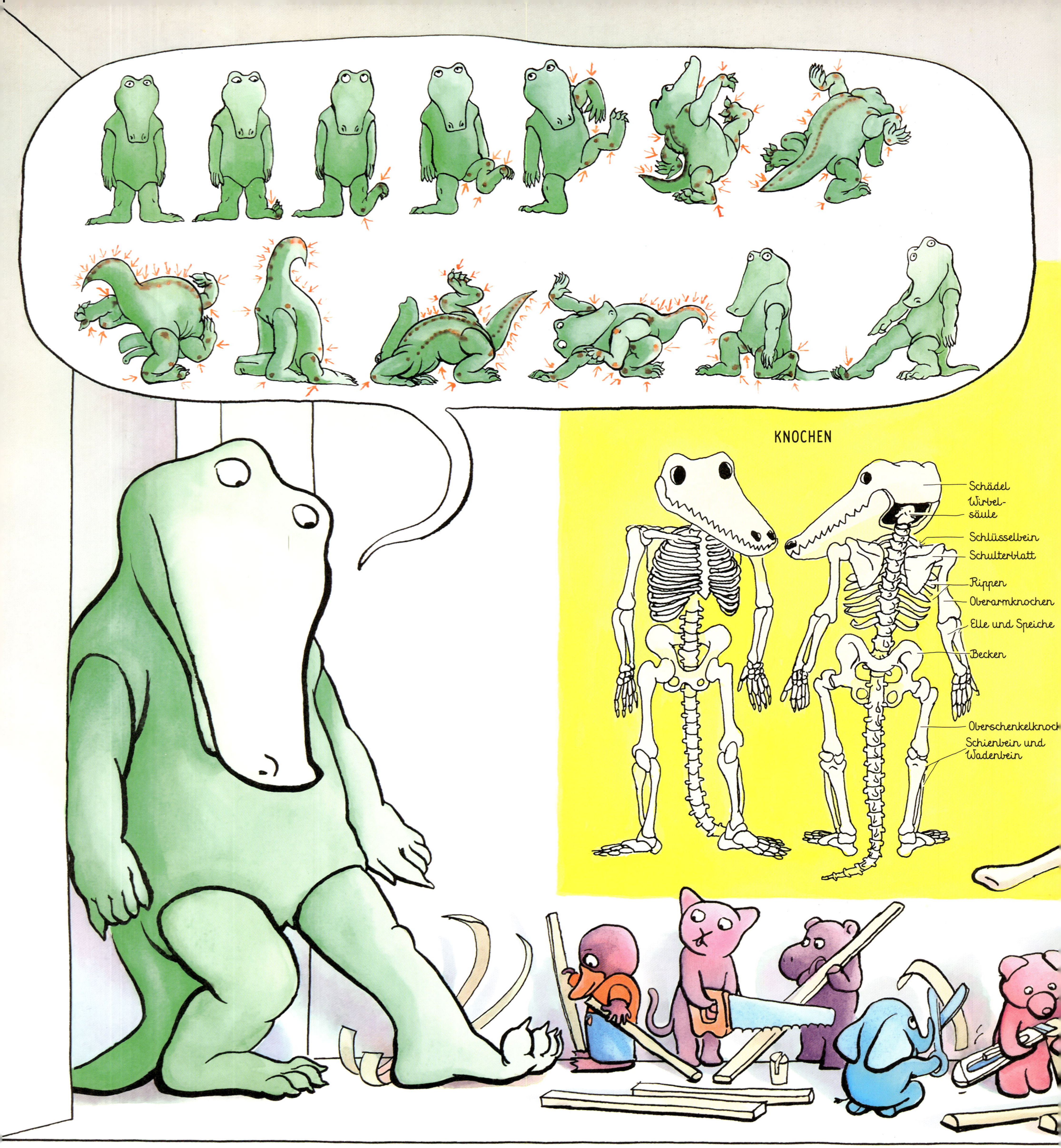

Der Cowboy hat recht: Knochen lassen sich nicht biegen. Aber man kann sie so miteinander verbinden, dass man sie bewegen kann. Das Krokodil zeigt, wo und wie seine eigenen Knochen miteinander verbunden sind, und die Puppen und Stofftiere schneiden und sägen die Stöcke zu.

In der *Enzyclopedia Crocodilis* findet man eine Abbildung von allen Knochen, die ein Krokodil hat: kurze Knochen, lange Knochen, gebogene Knochen, eckige Knochen, Knochen mit Löchern, hohle Knochen …

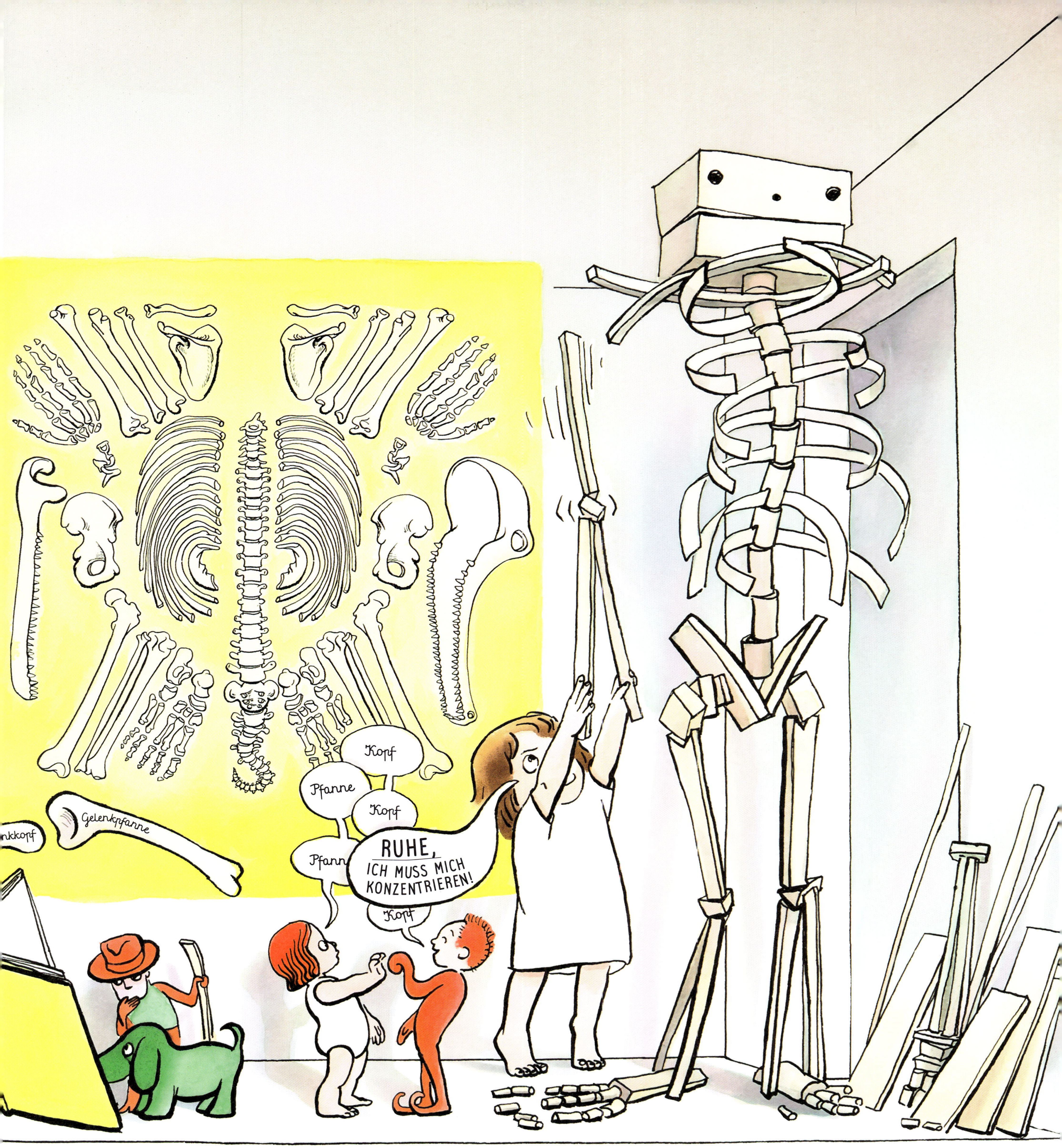

Damit die Knochen sich gut bewegen können, müssen sie ineinanderpassen: Ein Kugelgelenk zum Beispiel hat auf der einen Seite eine Art Kugel, das ist der Gelenkkopf, auf der anderen eine Art Kuhle, das ist die Gelenkpfanne.

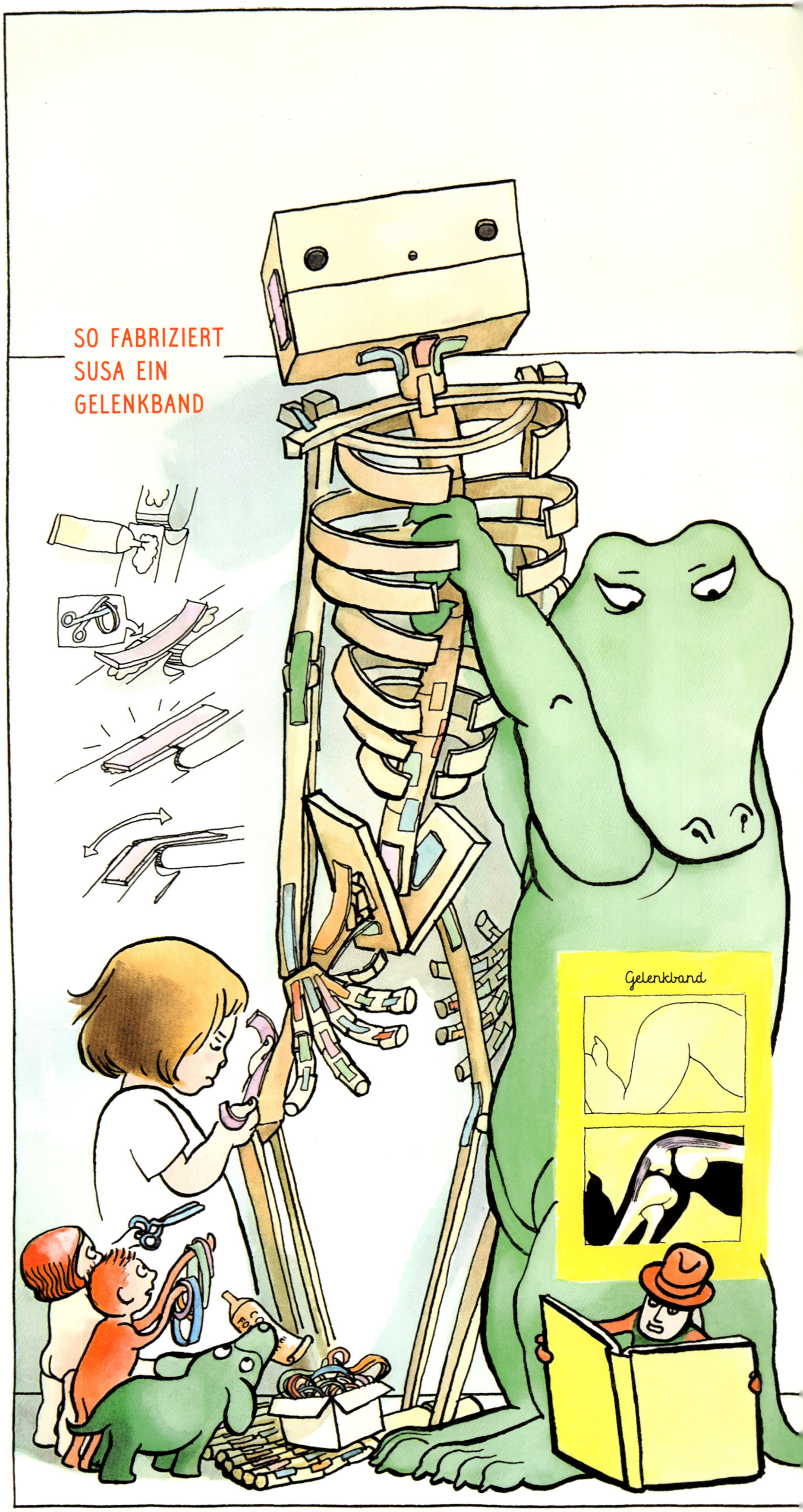

Aber – bradadadumm – da stürzt Susas Bruder zusammen.
Was tun, damit die Knochen zusammenhalten?
Soll Susa sie zusammenkleben? Oder zusammennageln?
Aber dann sind sie doch nicht mehr beweglich?

Im Lexikon findet Susa die Lösung. Sie nimmt Gummibänder und befestigt damit die Knochen aneinander.
»Susa hat gerade Gelenkbänder gebastelt«, notiert der Cowboy.

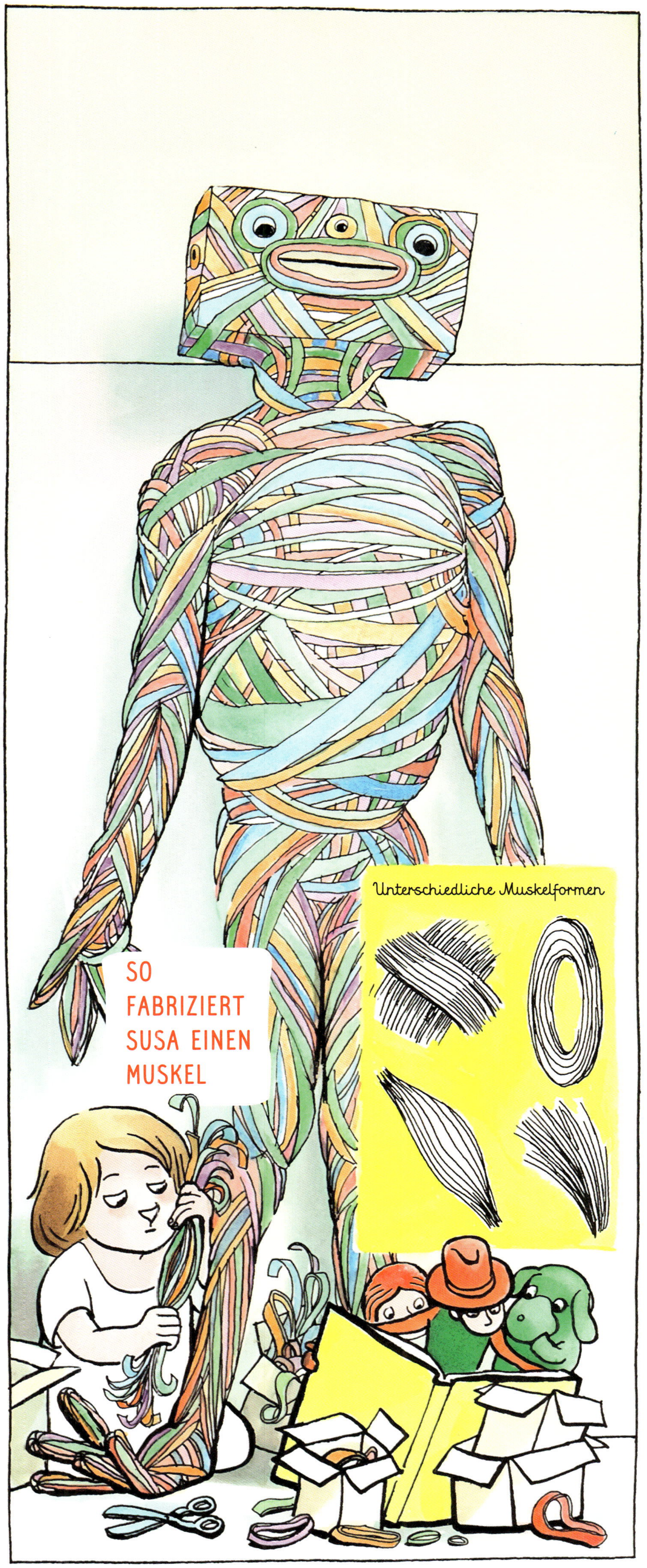

Aber – zoing! – da ringelt sich der Bruder zusammen wie gekochte Spaghetti.
»Ich brauche noch viieeel mehr Gummibänder«, sagt Susa. Jetzt bastelt sie Bündel aus vielen Gummibändern.

Flache Bündel, lange Bündel, ringförmige und spitz zulaufende. Sie legt sie kreuzweise übereinander und webt eine elastische Hülle um die Knochen ihres Bruders. »Susa hat gerade Muskeln fabriziert«, stellt der grüne Hund fest.

Susa zeigt den Stofftieren, dass die Beine nicht in jede Richtung gebeugt werden können: Vier Hauptgelenke (Hüfte, Knie, Sprunggelenk, Zehen) bestimmen, in welche Richtung gebeugt werden kann.

Am Kopf gibt es nur ein Gelenk: das Kiefergelenk. Dass das Gesicht sich auf tausend verschiedene Arten verziehen kann, ist durch die vielen sich überkreuzenden Muskeln möglich.

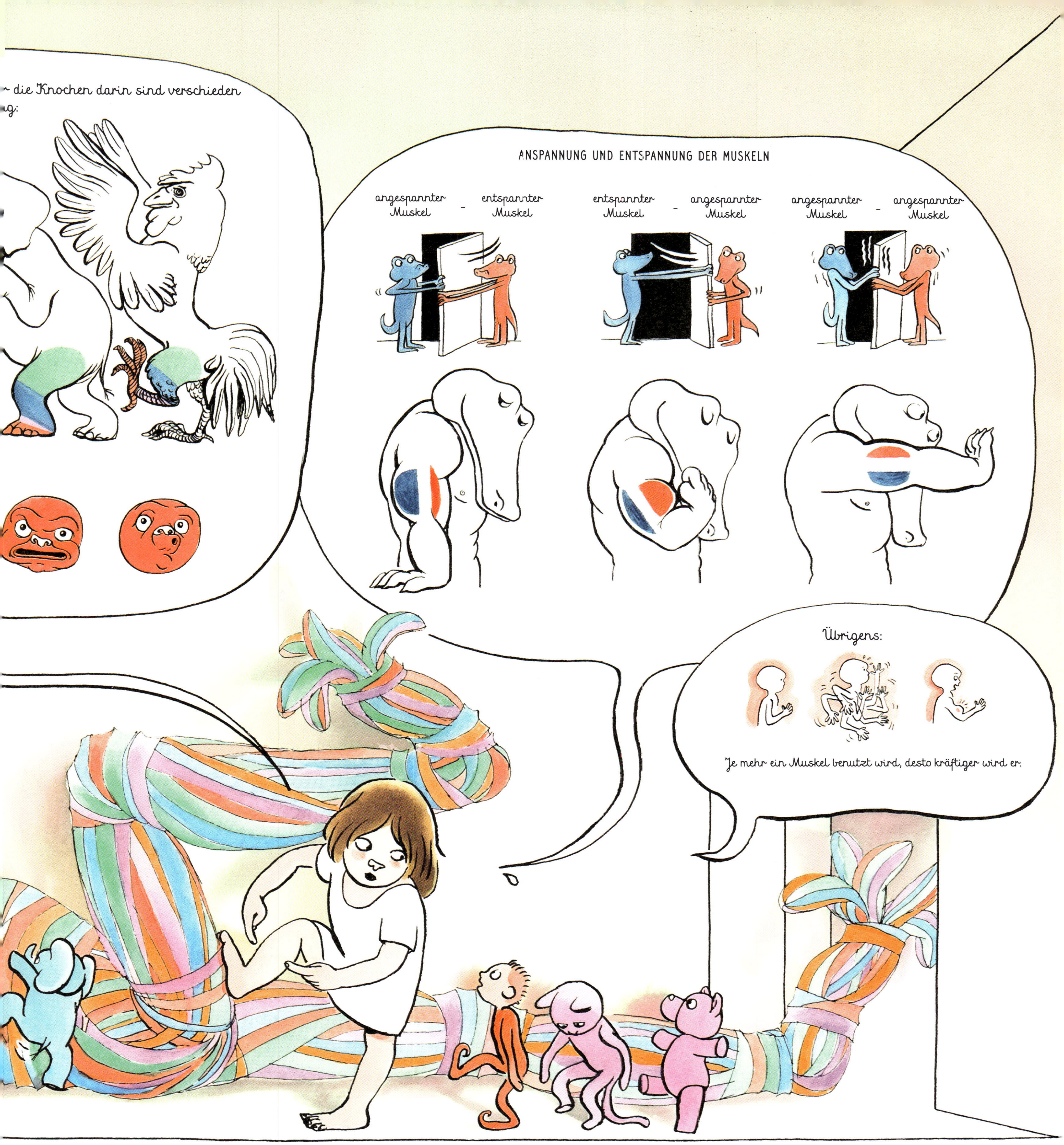

In der *Enzyklopädie* hat Susa gelesen, dass Muskeln nur zweierlei können: sich zusammenziehen und locker lassen, also sich entspannen. Daher müssen Muskeln immer zusammenarbeiten, um ein Bein oder einen Arm zu bewegen: Abwechselnd ziehen sie sich zusammen und entspannen sich. Wenn beide entspannt sind oder sich beide zusammenziehen …

… dann bewegt sich nichts.
Übrigens bewegt der Bruder sich auch noch nicht. Vielleicht müsste man ihm befehlen, er solle sich bewegen? Aber er hat noch keine Ohren zum Hören und auch kein Gehirn: Er versteht nicht, was man ihm sagt.

Das Gehirn befindet sich ganz oben, gut geschützt im Schädelknochen. Es kann nicht sehen, es kann nicht hören, es kann nicht riechen – und doch ist es der Chef: Das Gehirn entscheidet, was gemacht wird.

Damit es auch gut entscheiden kann, müssen Ohren, Augen, Haut, Zunge und Nase die Gerüche, Geschmäcker, Farben und Klänge von außen mit Hilfe von Nervenenden »einfangen«, wie Fühler aufnehmen und in elektrische Nachrichten umwandeln. Das Gehirn versteht nämlich nur elektrische Nachrichten.

Die Puppen und Stofftiere helfen Susa, Kabel einzuziehen, um alle »Fühler« (Augen, Ohren usw.), mit dem Gehirn zu verbinden. Die Kabel sollen die Informationen weiterleiten, so wie Nerven das tun.

Damit auch wirklich klar wird, wie das zwischen dem Gehirn und den »Fühlern« ab äuft, erzählt Susa, wie sie als kleines Baby zum ersten Mal Bal gespielt hat. (Währerddessen kaspern manche Stofftiere rum, und der Elefant kontrolliert, ob Susa auch genug Löcher gelassen hat.)

IM ZIMMER NEBENAN
SCHLÄGT DAS KROKODIL
EIN SEH-EXPERIMENT VOR.

Das Krokodil führt etwas vor:
»Wenn es ganz dunkel ist,
seht ihr mich nicht.«

»Wenn ein bisschen Licht da ist, seht ihr mich – aber so, als wäre ich blau.«

»Und mit genug Licht seht ihr mich grün.«
»Du bist grün, uff! Ja, du bist es wirklich, Krokodil!«

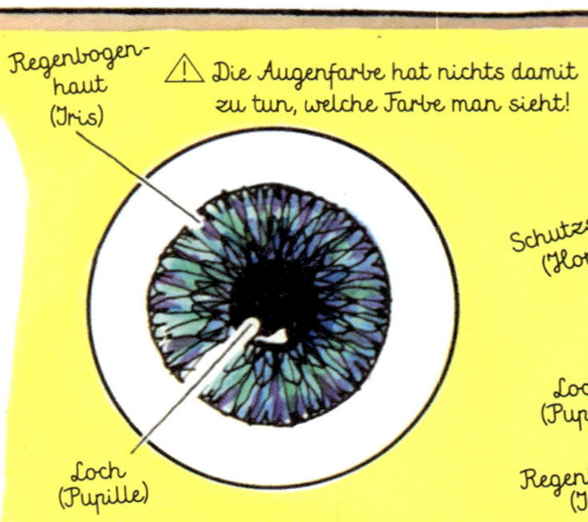

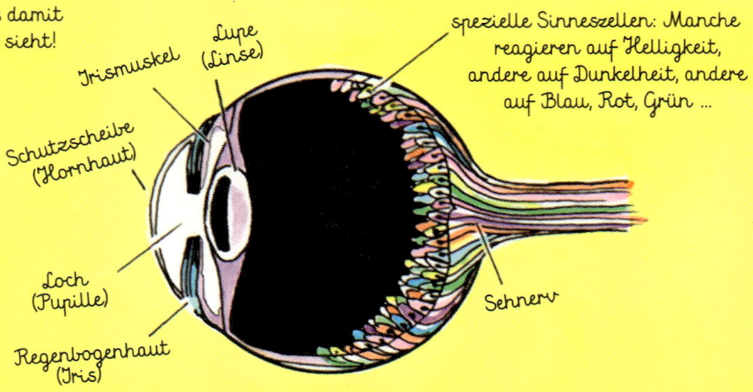

Das Licht fällt durch das Loch der Pupille ins Auge. Der Irismuskel macht dieses Loch größer oder kleiner, damit nicht zu viel und nicht zu wenig Licht ins Auge kommt.

Hinter dem Loch wird das Licht zunächst durch eine Art Lupe (die Linse) gebündelt, dann trifft es auf die Sinneszellen an der Rückseite des Auges.

VERSCHIEDENE IRISFORMEN

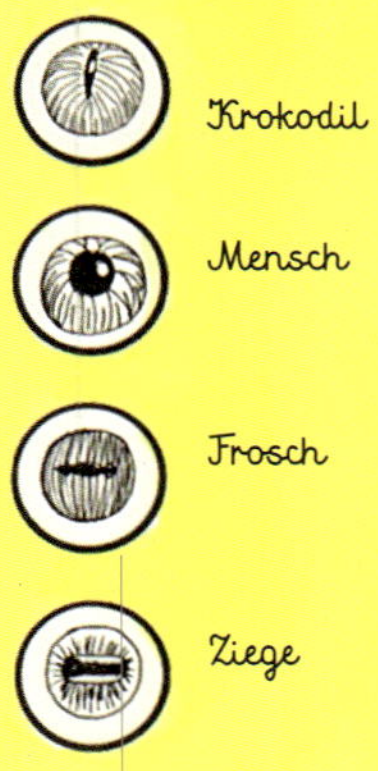

Sofort wird eine elektrische Nachricht ans Gehirn geschickt.

SO FABRIZIERT SUSA EIN AUGE

Susa schließt jetzt die Augen ihres Bruders an. In der *Enzyklopädie* sieht man, wie das Licht im Auge auf winzige lichtempfindliche Zellen trifft. Diese Sinneszellen, die sich durch den Reiz zusammenziehen, senden eine elektrische Nachricht ans Gehirn.

Währenddessen schlägt das Krokodil nebenan den Puppen und Stofftieren ein Seh-Experiment vor.

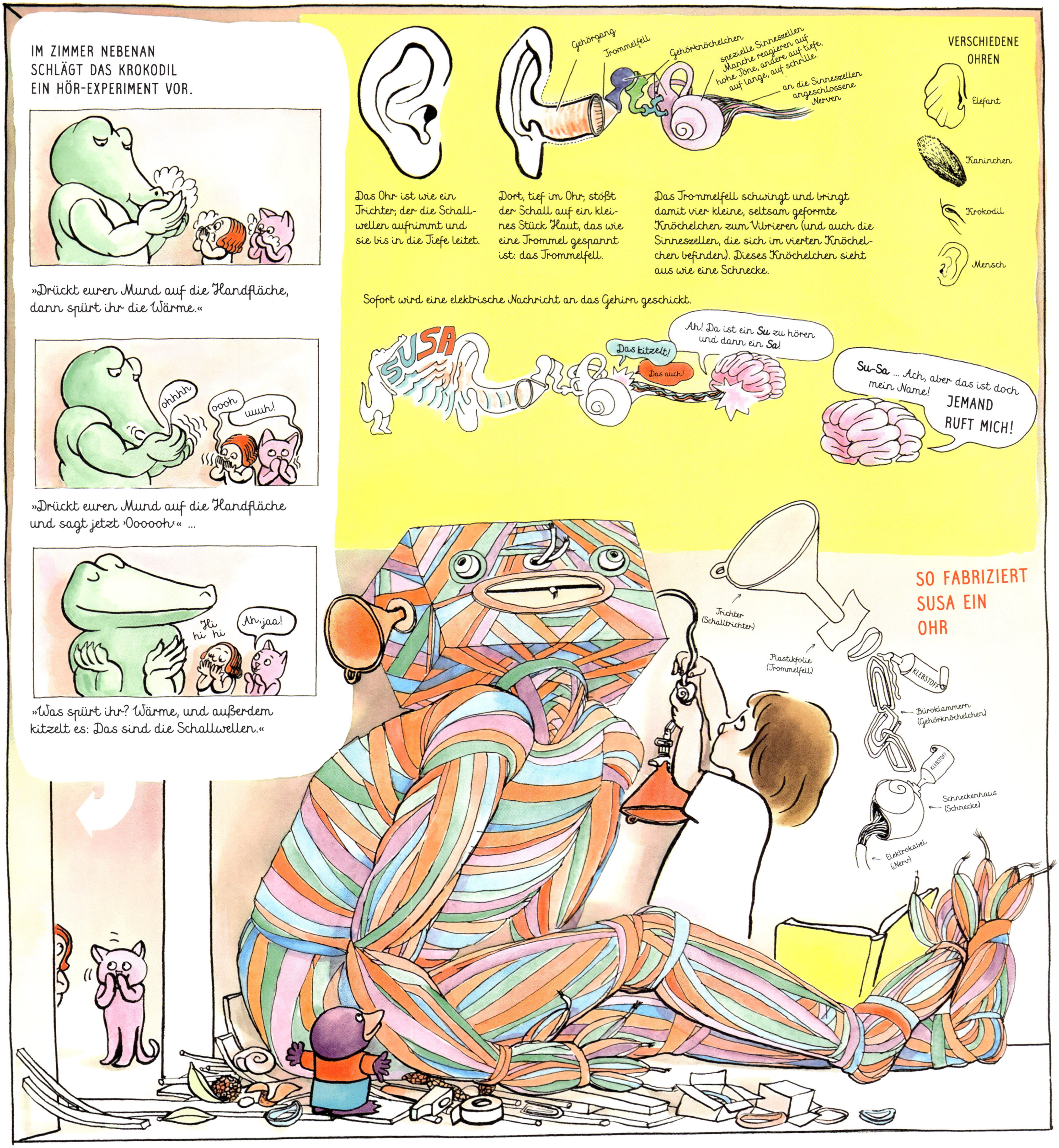

Dann baut Susa Ohren ein.
Die *Enzyklopädie* zeigt, wie die Schallwellen bis zu den empfindlichen Sinneszellen tief im Ohr dringen.

Nebenan schlägt das Krokodil jetzt ein Hör-Experiment vor.

IM ZIMMER NEBENAN FÜHRT DAS KROKODIL EIN RIECH- UND SCHMECKEXPERIMENT DURCH.

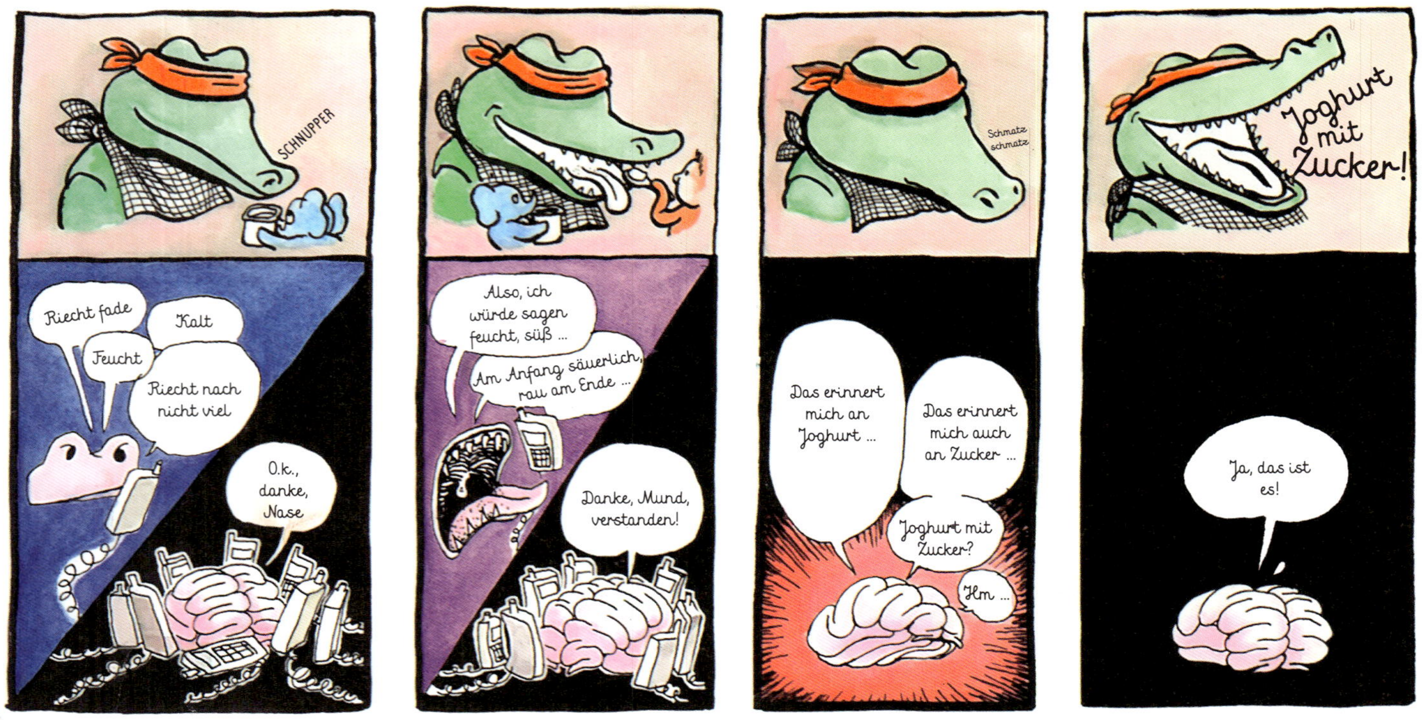

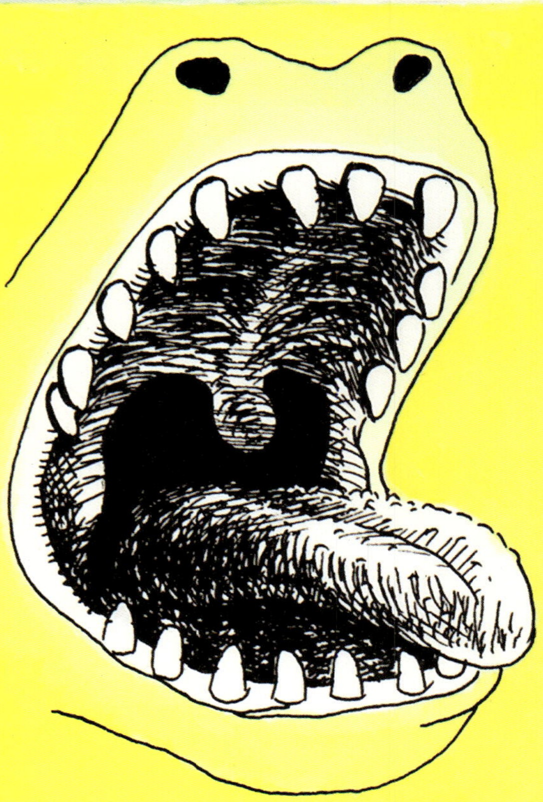

Die Sinneszellen der Zunge und der Nase nehmen Geschmack und Gerüche wahr: Manche sind Spezialisten für Süßes, andere für Salziges, Saures, Bitteres, Warmes, Kaltes, Fettes, Scharfes, Trockenes, Nasses und so weiter.

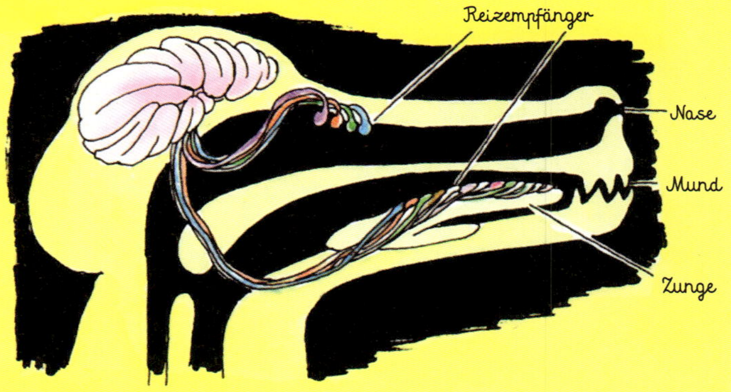

Dann führt das Krokodil nebenan ein Riech- und Schmeckexperiment durch, das heißt, es schnuppert mit der Nase, schmeckt mit der Zunge – und sein Gehirn muss erraten, was es gerade frisst.

Währenddessen schließt Susa eine Zunge und eine Nase an die Nervenkabel ihres Bruders an. (Apropos Nase: Manche Puppen und Stofftiere fragen sich, warum Susa eine Katzennase hat, aber das wird im Lexikon nicht erklärt.)

Außerdem braucht der Bruder eine Haut, um fühlen und tasten zu können. Aber Susa will die Haut erst ganz am Ende anbringen, wenn er fertig ist. Damit der Bruder aber jetzt schon ein bisschen fühlen kann, zieht sie ihm Handschuhe an und verbindet sie mit den Handnerven.

Manche Nervenenden in der Haut sind speziell für das Spüren von Reibungen da, andere für das Spüren leichter Berührungen, wieder andere spüren Piksen oder Drücken – und alle werden elektrische Nachrichten an das Gehirn senden.

Die Sinnesorgane sind wirklich die besten Freunde des Gehirns. Ohne sie wäre es ziemlich allein.

Das Krokodil erklärt auch, dass die Sinnesorgane bei jedem Lebewesen unterschiedlich sind und dass deshalb nicht alle alles auf dieselbe Weise sehen.

Außerdem erklärt es, dass die Schwäche eines Sinnes durch andere Sinne ausgeglichen wird. So kann einem Mangel immer abgeholfen werden.

»Ich zum Beispiel bau mir einen großen Bruder«, sagt Susa.

EIN GEHIRN

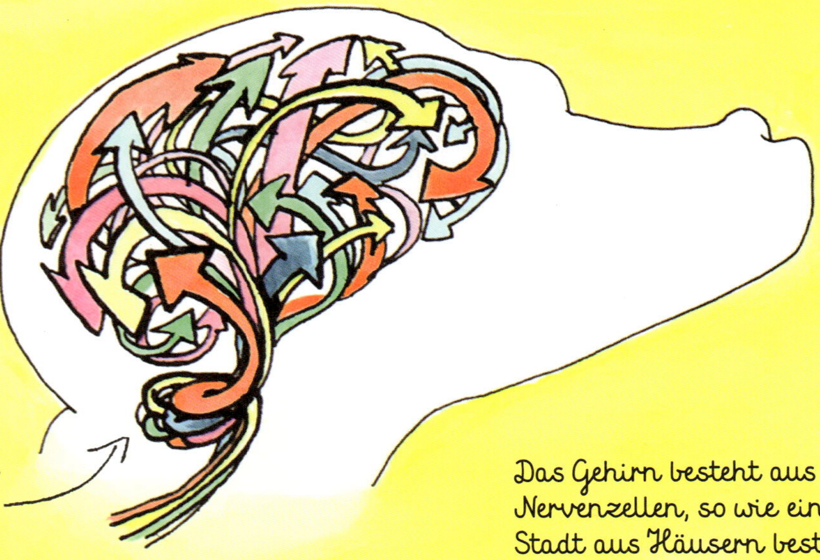

Das Gehirn ist im Schädelknochen untergebracht, der wie eine große Schachtel ist.

Die elektrischen Nachrichten, die von den Reizempfängern geschickt werden, kommen im Informationsverteilzentrum an und werden dann an die verschiedenen Zonen des Gehirns weitergeleitet.

Jede Nervenzelle ist mit ungefähr einer Million anderer Nervenzellen verbunden.

Das Gehirn besteht aus Nervenzellen, so wie eine Stadt aus Häusern besteht.

Jedes Mal, wenn eine elektrische Nachricht durch eine Nervenzelle saust, hinterlässt sie eine Spur. So ähnlich wie ein Tier, das jedes Mal, wenn es vorbeiläuft, ein bisschen von seinem Geruch hinterlässt:

Ein Gedanke ist der Weg von einer Nervenzelle zu einer anderen.

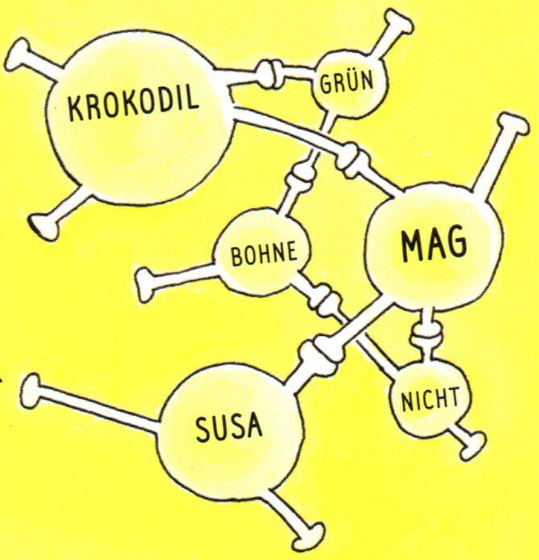

Manche Informationen sind für das Gehirn allerdings wichtiger als andere.

Und hier noch vier weitere Sinne, die das Gehirn von Susas Bruder braucht (anders als Augen, Ohren und so weiter sind deren Reizempfänger von außen nicht zu sehen): Das Wärmeempfinden hilft Wärme und Kälte zu spüren. Der Gleichgewichtssinn hilft zu erkennen, ob man gerade steht, sich bückt oder beinahe fällt.

Die Selbstwahrnehmung ist dazu da, um zu wissen, wo unsere Hände, unsere Füße sind, selbst, wenn wir die Augen geschlossen haben. Und das Schmerzempfinden zeigt an, wo uns etwas wehtut. Das Schmerzempfinden probieren die Stofftiere gleich an einer Knoblauchzehe aus. »Autsch!«, sagt die Knoblauchzehe. »Wunderbar«, sagt die Ente.

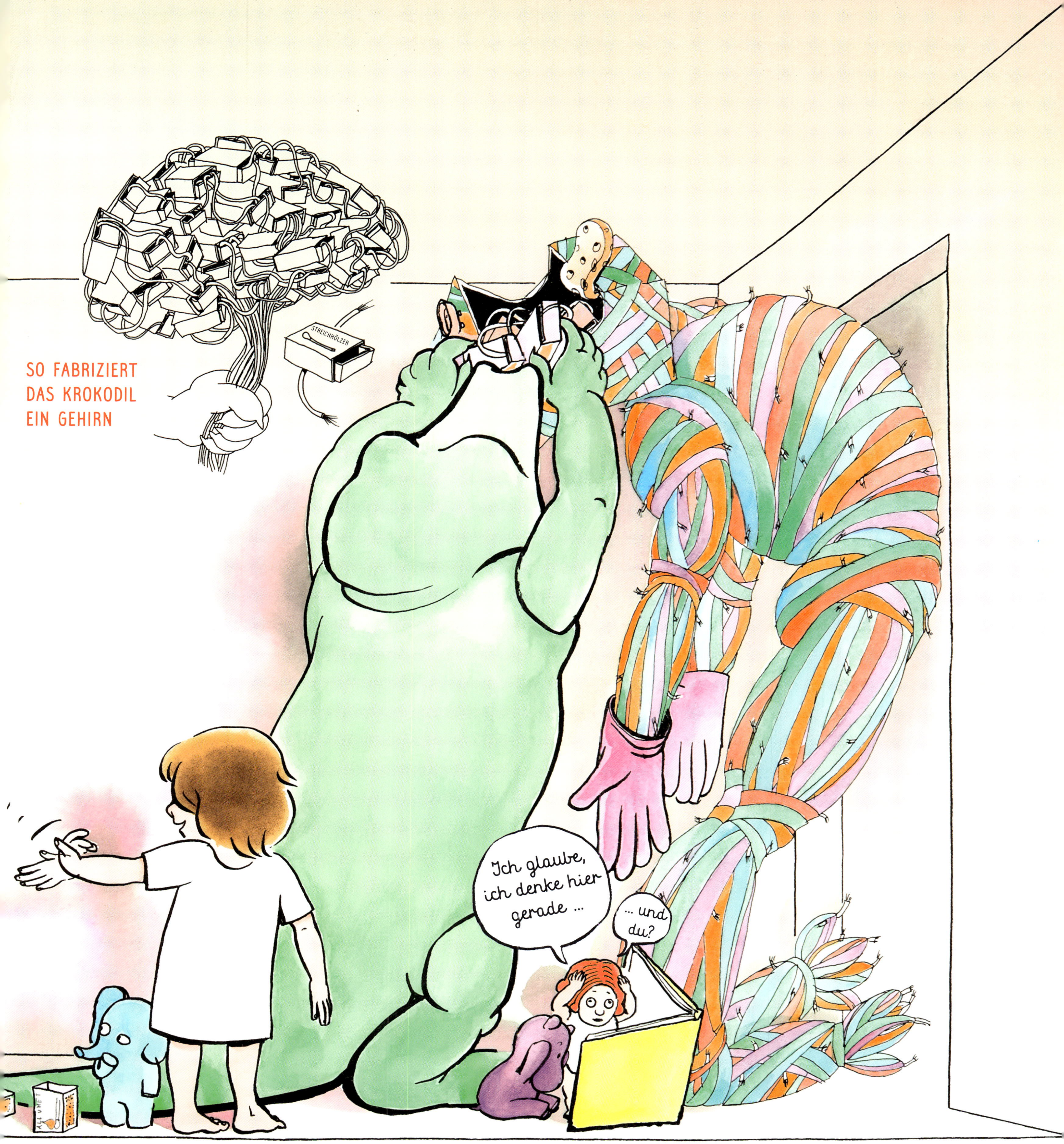

Das Krokodil hat ein Gehirn aus lauter miteinander verbundenen Streichholzschachteln fabriziert. Es schließt sie an die Elektrokabel der Nerven an.

Jetzt ist alles am richtigen Platz.

Susa sagt laut: »TEST!«
Aber ihr Bruder rührt sich nicht.

Susa glaubt, das liegt daran, dass ihr Bruder schläft.

Das Krokodil glaubt eher, ihr Bruder reagiert nicht, weil er wie ein Motor ohne Benzin ist: Man muss ihn mit Treibstoff versorgen.

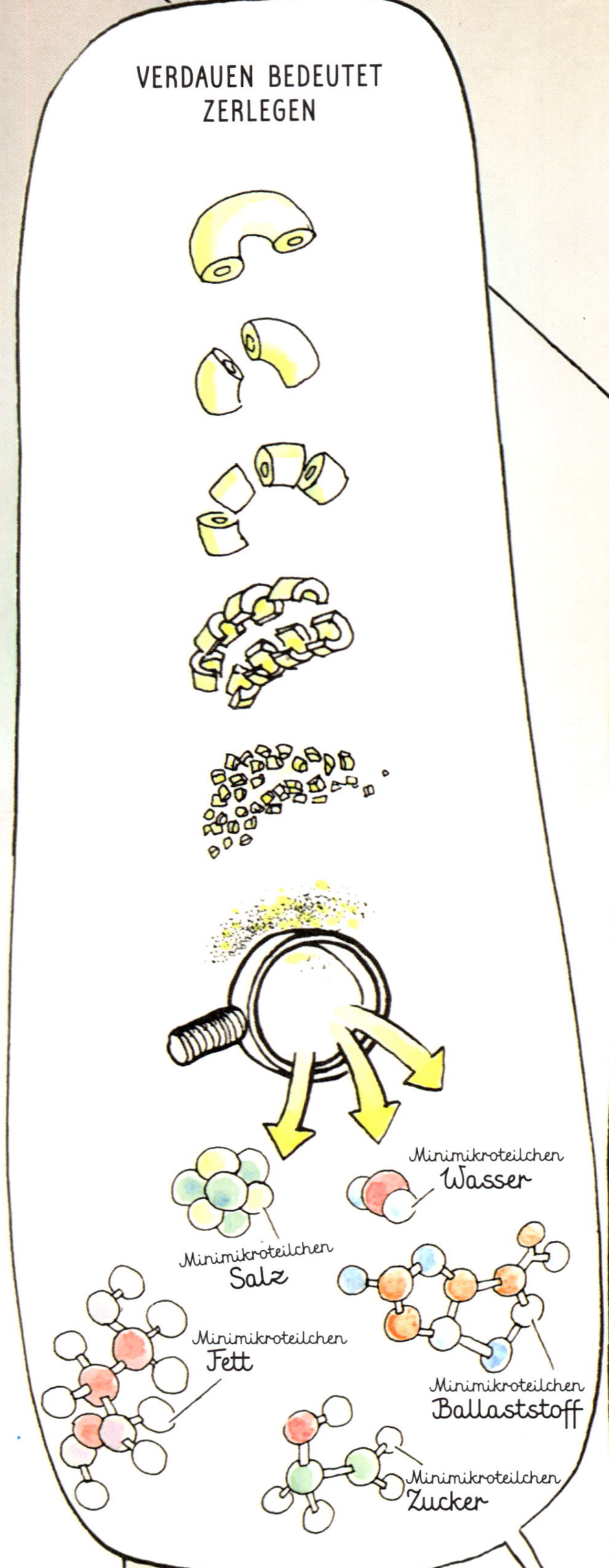

① ZÄHNE

Die Zähne beginnen mit dem Auseinandernehmen der Hörnchennudel; manche Zähne sind spezialisiert auf Schneiden, andere auf Zerreißen, wieder andere auf Zermahlen.

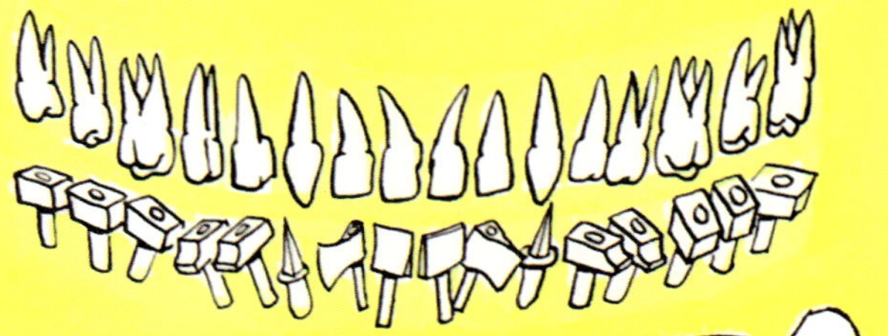

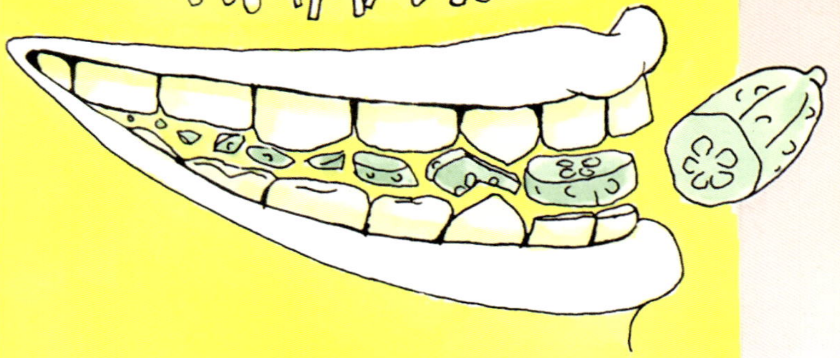

Wie Häuser und Bäume sind Zähne in der Tiefe verankert – mithilfe ihrer Wurzeln.

Das Krokodil hat 70 Zähne.
Wenn Susa groß ist, wird sie 32 Zähne haben.

Das Huhn hat keine Zähne, sondern schluckt kleine Steinchen, die das Zermahlen in seinem Magen übernehmen.

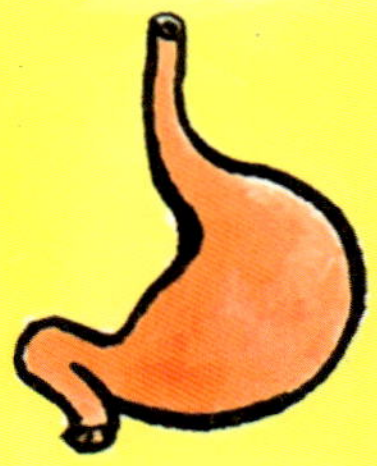

② MAGEN

Nachdem die Hörnchennudel von den Zähnen zerkaut wurde, gelangt sie in den Magen, wo sie weiter zerlegt wird.

Der Magen ist eine weiche Tasche, wie eine Wärmflasche: Dort wird die Nudel durchgeknetet …

… aber da das nicht genügt, sondert der Magen ein chemisches Mittel ab, den Magensaft, der die Nudel durchfeuchtet und auflöst, so wie Zucker in Wasser.

③ LEBER UND GALLENBLASE

Die Leber hat die Form eines dicken Schwammes: auch sie sondert ein chemisches Mittel ab: die Gallenflüssigkeit. Sie wird in der Gallenblase aufbewahrt.

In dem Moment, wo die durchgeknetete Nudel den Magen verlässt, macht die Gallenblase: Pschitt, pschitt! Und die Nudel löst sich noch ein bisschen weiter auf.

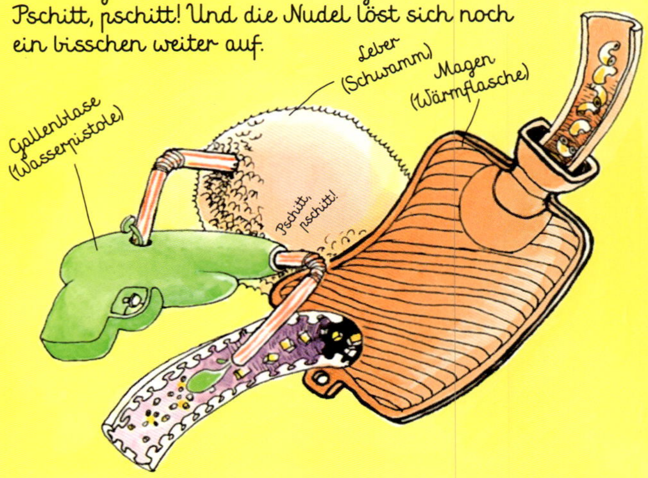

Der Treibstoff für Susas Bruder wird aus Hörnchennudeln in Buttersoße bestehen. Aber damit die Nudeln als Treibstoff genutzt werden können, müssen sie verdaut werden. Das heißt, sie müssen so zerlegt werden, dass aus ihnen mikroskopisch kleine Miniteilchen werden.

Den ersten Teil der Arbeit erledigen die Zähne. Der Magen setzt dann die Arbeit fort, dabei helfen ihm Leber und Galle. Danach bewegt sich die Hörnchennudel so laaaaaaaangsaaaaaaaam wie mööööööööööööglliiiiich durch einen laaaaaaaaaaaangen Darmkanal mit Kuuuuuurven und Schliiiiiiingen.

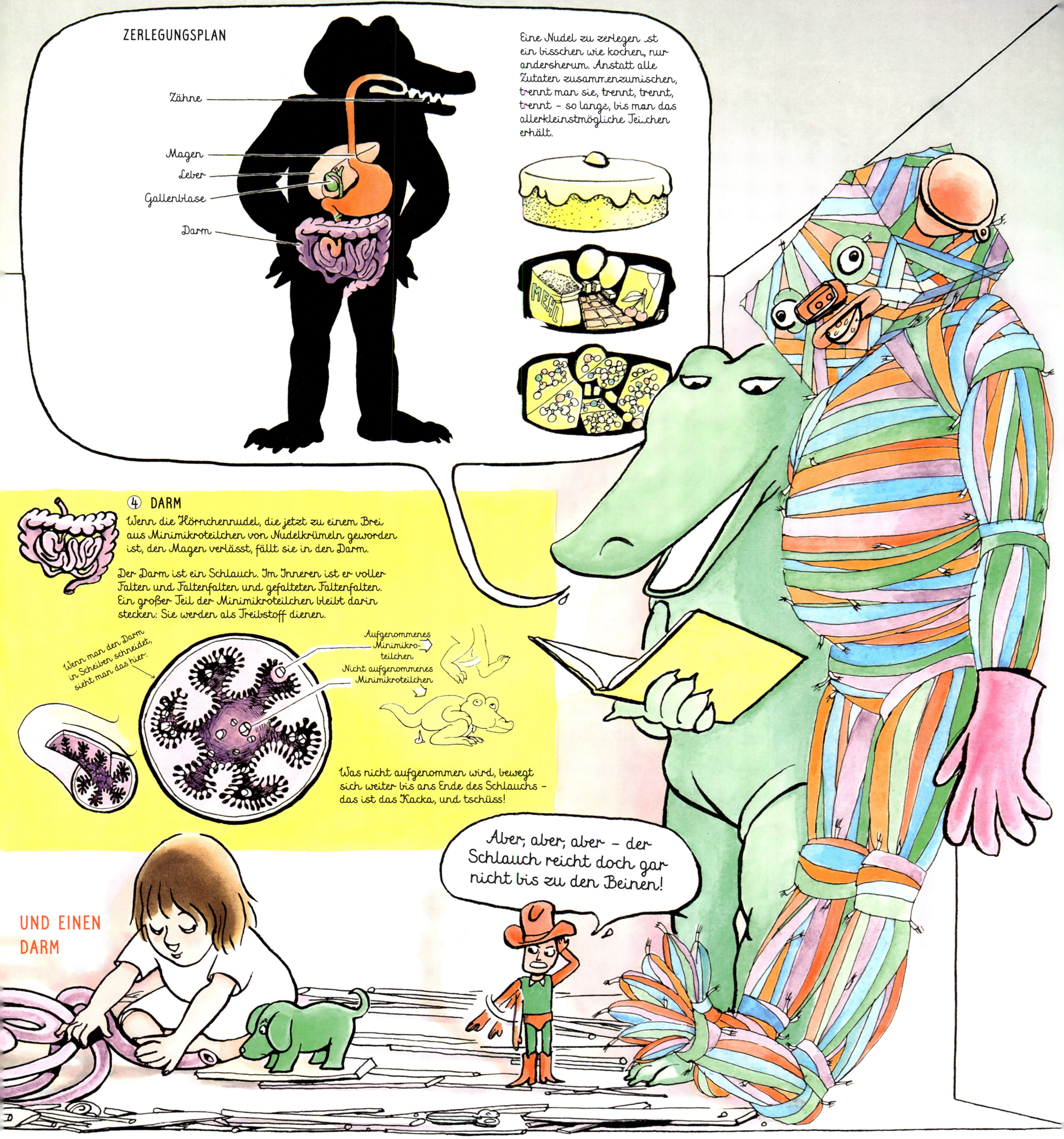

Am Ende wird die vollständig zerlegte Nudel keine Nudel mehr sein, sondern ein Brei aus Mini-Mikro-Teilchen: Minimikroteilchen Zucker, Wasser, Ballaststoffe, Minimikroteilchen Fett und Salz.

Während Susa den Verdauungsapparat ihres Bruders zusammenstellt, macht der Cowboy sich Sorgen: Wie gelangt der Treibstoff zu den Beinmuskeln? »Geduld«, antwortet Susa. »Bald setzen wir das Transportsystem in Gang.«

WIE EIN HÖRNCHENNUDELTEILCHEN DEN DARM VERLÄSST UND INS BLUT ÜBERGEHT, UM IN DIE BEINMUSKELN ZU WANDERN

MEHRERE ARTEN BLUT-FERNFAHRER

Die Blut-Fernfahrer transportieren Minimikroteilchen aller Art: Nudelteilchen natürlich, aber auch Luft-Minimikroteilchen, Abfall-, Medikamenten- und Krankheitsminimikroteilchen …

Es gibt vier Arten von Fahrern:

Weißes Blutkörperchen: Spezialisiert auf Giftstoffe, die es in seinen Tankbehälter befördert (um sie auszustoßen oder um sie zu zerstören.)

Rotes Blutkörperchen: Spezialisiert auf Sauerstofftransport

Plasma: Flüssig und schmiert den Weg, damit alles besser rutscht.

Plättchen: Im Falle eines Unfalls stopft es die Löcher.

EIN TROPFEN BLUT

In jedem Tropfen Blut findet man Millionen solcher »Blut-Fernfahrer«.

MEHRERE ARTEN STRASSEN

Die Blutbahnen beginnen sehr breit und enden sehr schmal, wie eine Autobahn, die zur Landstraße wird und dann zu einem Weg. Und die Wege führen überallhin, bis in die kleinsten Winkel des Körpers.

Die Blutbahnen sind Einbahnstraßen: Sie gehen vom Herzen aus und kehren auf einem anderen Weg zum Herzen zurück.

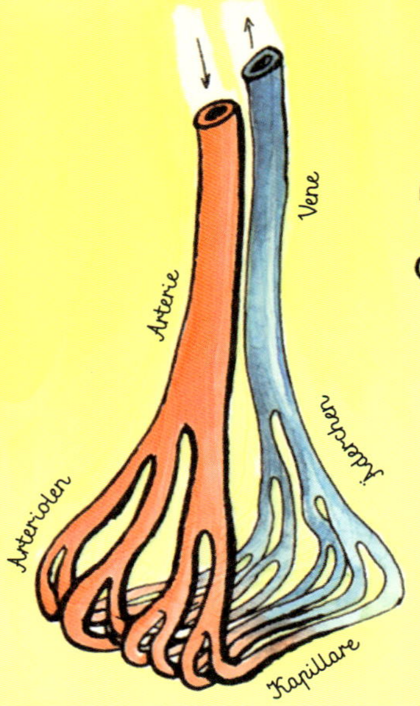

Die »Blut-Fernfahrer« haben keinen Motor: Sie bewegen sich wie Wasser in einem Strohhalm, weil sie von der Herzpumpe angezogen oder wieder weggestoßen werden.

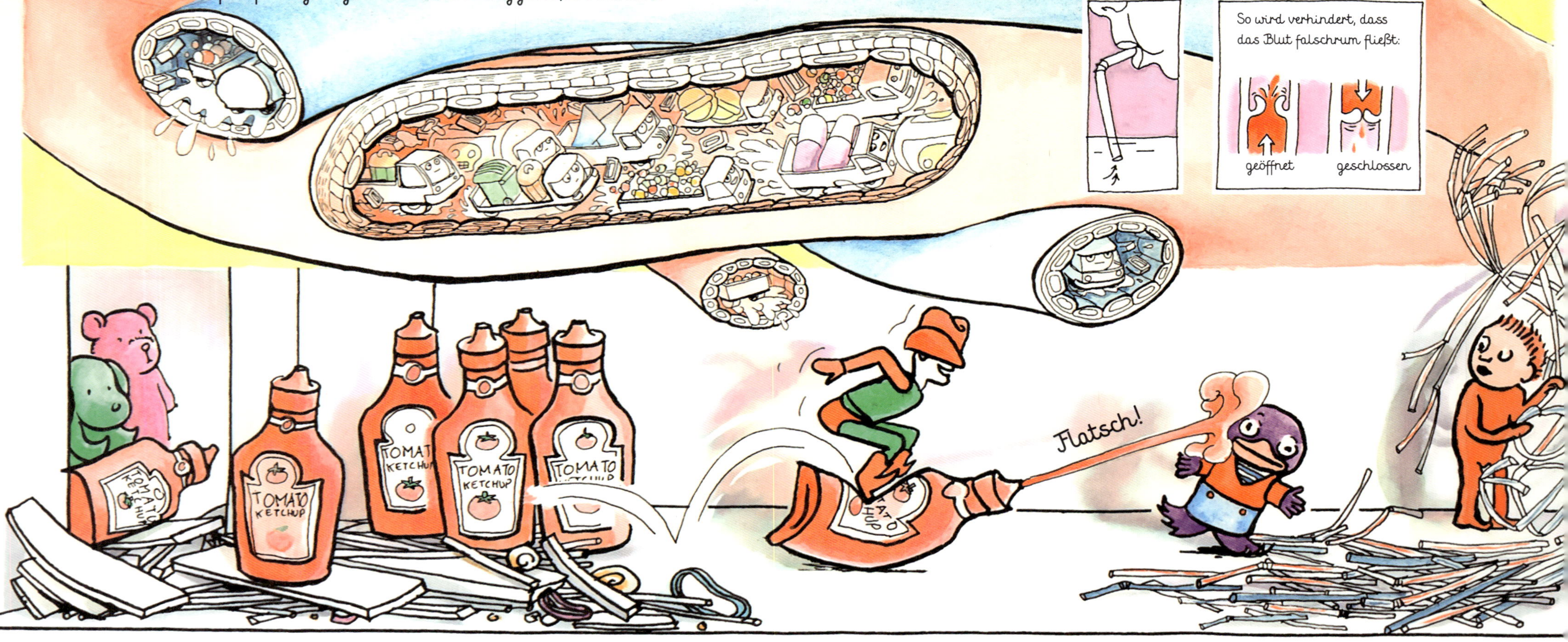

Um die Minimikroteilchen zu den Beinmuskeln zu transportieren, fabriziert Susa jetzt einen Blutkreislauf. Der besteht aus Tunnelwegen voller Blut. Aber das Blut fließt nicht von allein, es muss von einer großen Pumpe angetrieben werden: Vom Herzen.

Der Cowboy weiß, dass man in Filmen Ketchup als Blut verwendet. Er probiert aus, wie flüssig Ketchup ist. (Ziemlich flüssig!). (Für einen Bruder braucht man etwa fünf Liter Blut, das sind ganz schön viele Ketchup-Flaschen.)

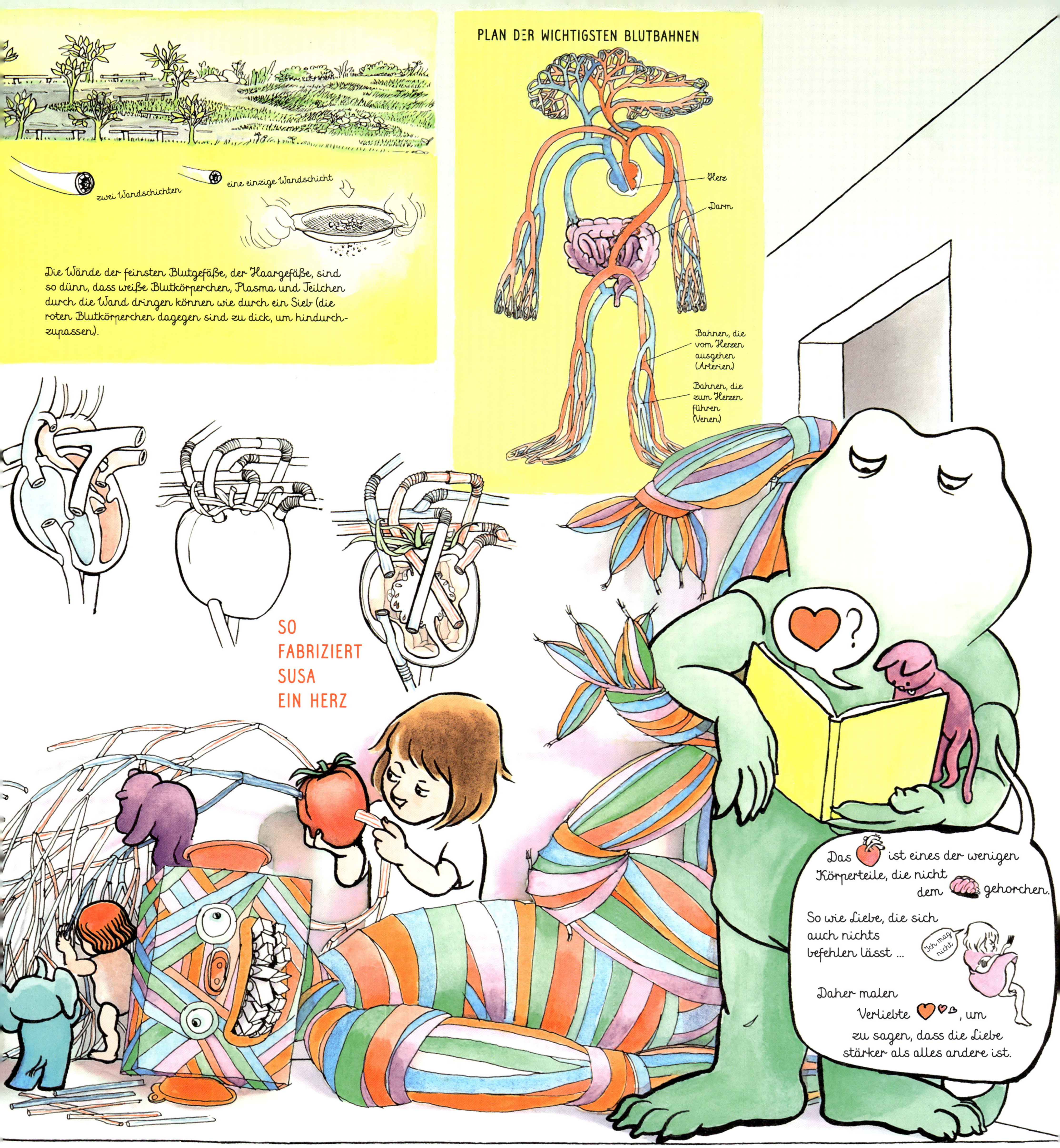

Als Tunnelwege verwendet Susa Schläuche und Strohhalme. Als Herz nimmt sie eine dicke Tomate. Übrigens: Warum zeichnet man eigentlich ein Herz, wenn man jemanden liebt? Natürlich gibt's in der *Enzyklopädie* eine Erklärung dafür!

Die *Enzyklopädie* erklärt auch, dass für die Umwandlung der Hörrchennudel in Treibstoff Sauerstoff benötigt wird.

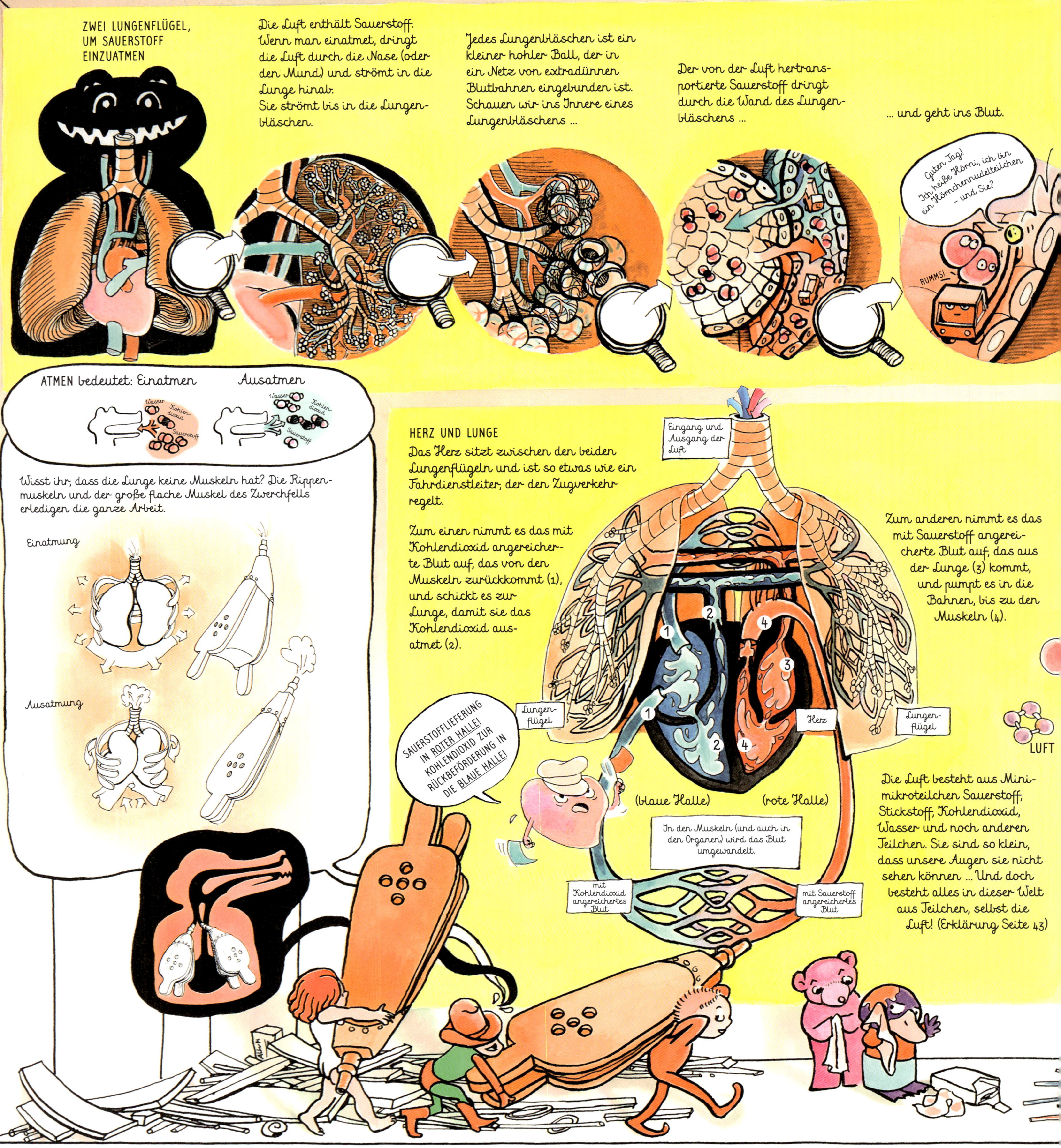

In der *Enzyklopädie* steht, dass sich der Sauerstoff in der Luft befindet. Die Luft dringt durch die Nase oder den Mund ein und zieht durch die Lunge. Dann bringt das Blut den Sauerstoff überall in den Körper, bis ins Innere der Muskeln.

Damit der Bruder die Luft einatmen kann, bringen die Spielzeugfiguren zwei große Blasebälge vom Kamin – die werden gute Lungenflügel abgeben.

In der Luft, die man einatmet, finden sich sehr viele Sauerstoffteilchen, Wasserteilchen und Kohlendioxidteilchen.

UNTER WASSER ATMEN

Im Wasser befindet sich ebenfalls Sauerstoff.

Fische haben keine Lunge, und dennoch atmen sie Sauerstoff – dank ihrer Kiemen. Das Wasser dringt durch das Maul ein, strömt durch die Kiemen und tritt durch die Kiemendeckel wieder aus.

Während es durch die Kiemen strömt, nehmen extradünne Blutbahnen in den Kiemen den Sauerstoff aus dem Wasser auf ...

... und führen ihn dem Blut zu.

UNTER DER ERDE ATMEN

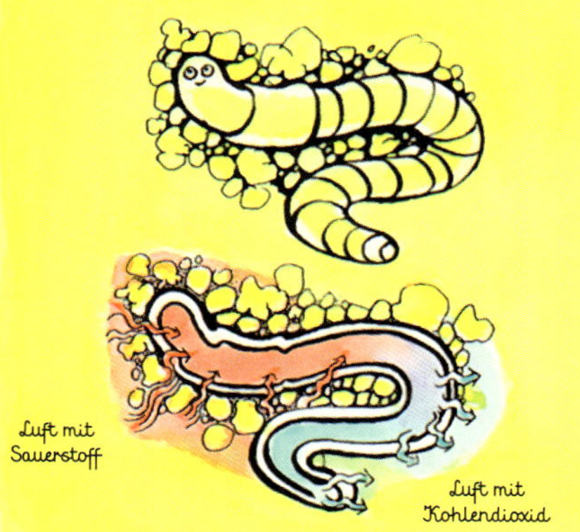

Unter der Erde gibt es auch ein ganz klein bisschen Sauerstoff, der in den Spalten zwischen Erdklumpen und Steinen eingezwängt ist. Auch Würmer haben keine Lunge, trotzdem können sie dank ihrer extradünnen Haut Sauerstoff aufnehmen.

Die Blutbahnen der Haut nehmen den Sauerstoff auf und führen ihn dem Blut zu. Für ein so kleines Tier reicht das aus!

In der Luft, die man ausatmet, finden sich seltsamerweise weniger Sauerstoffteilchen, aber mehr Wasserteilchen und mehr Kohlendioxidteilchen. Die Luft ist verwandelt worden! Der grüne Hund fragt: »Wenn alle Sauerstoff einatmen und Kohlendioxid ausatmen, dann gibt es in der Luft doch bald NUR NOCH Kohlendioxid?« »Nein«, sagt Susa. »Denn die Pflanzen atmen genau umgekehrt wie wir, das heißt, sie atmen Kohlendioxid ein und Sauerstoff aus.« (Übrigens erklärt genau das Frau Ficus ihrer Tochter.)

So. Hörnchennudel, Sauerstoff – wir haben alles, was wir für den Treibstoff brauchen. Und jetzt?

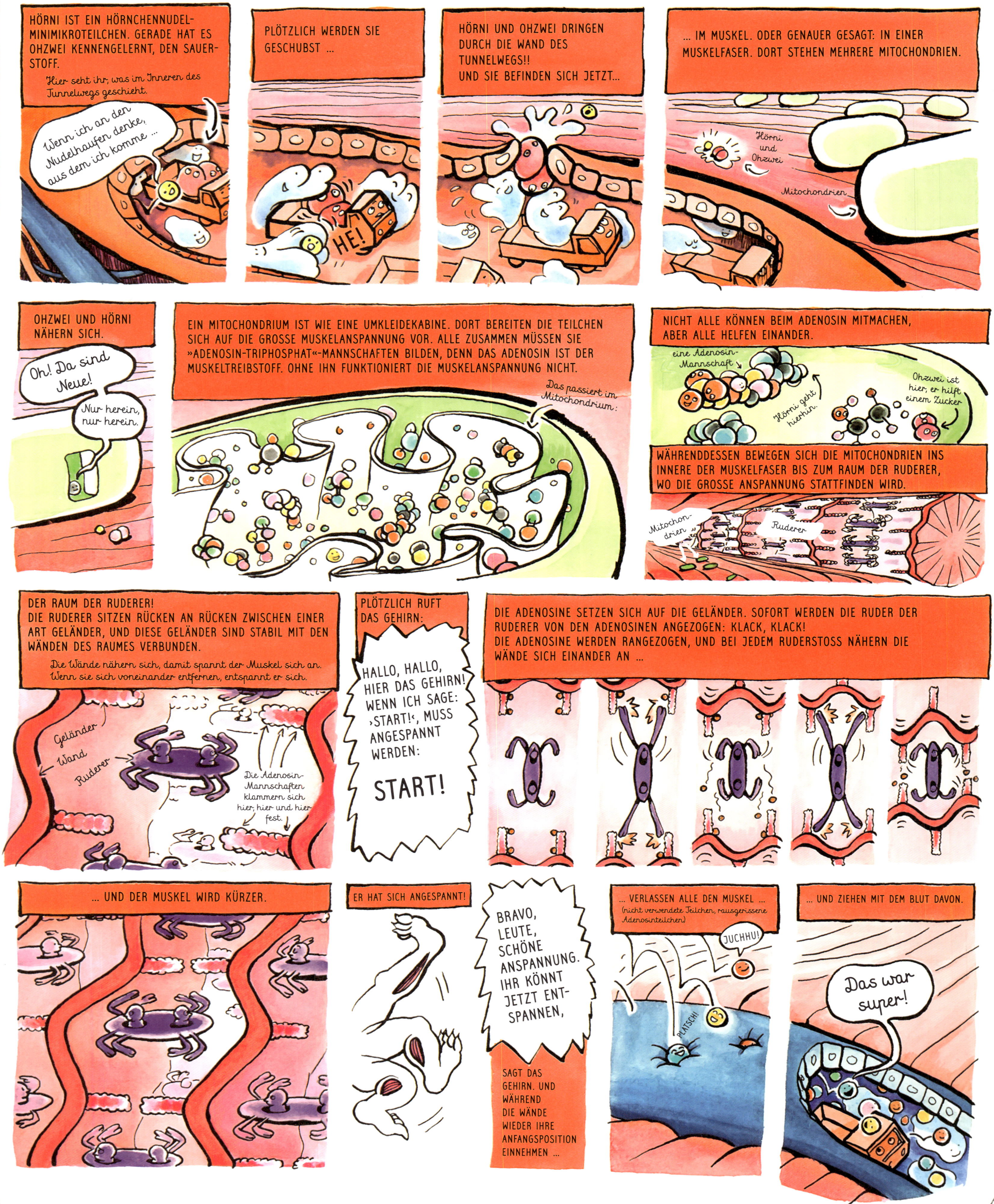
HÖRNI IST EIN HÖRNCHENNUDEL-MINIMIKROTEILCHEN. GERADE HAT ES OHZWEI KENNENGELERNT, DEN SAUERSTOFF.
Hier seht ihr, was im Inneren des Tunnelwegs geschieht.
Wenn ich an den Nudelhaufen denke, aus dem ich komme ...
PLÖTZLICH WERDEN SIE GESCHUBST ...
HE!
HÖRNI UND OHZWEI DRINGEN DURCH DIE WAND DES TUNNELWEGS!!
UND SIE BEFINDEN SICH JETZT...
... IM MUSKEL. ODER GENAUER GESAGT: IN EINER MUSKELFASER. DORT STEHEN MEHRERE MITOCHONDRIEN.
Hörni und Ohzwei
Mitochondrien
OHZWEI UND HÖRNI NÄHERN SICH.
Oh! Da sind Neue!
Nur herein, nur herein.
EIN MITOCHONDRIUM IST WIE EINE UMKLEIDEKABINE. DORT BEREITEN DIE TEILCHEN SICH AUF DIE GROSSE MUSKELANSPANNUNG VOR. ALLE ZUSAMMEN MÜSSEN SIE »ADENOSIN-TRIPHOSPHAT«-MANNSCHAFTEN BILDEN, DENN DAS ADENOSIN IST DER MUSKELTREIBSTOFF. OHNE IHN FUNKTIONIERT DIE MUSKELANSPANNUNG NICHT.
Das passiert im Mitochondrium:
NICHT ALLE KÖNNEN BEIM ADENOSIN MITMACHEN, ABER ALLE HELFEN EINANDER.
eine Adenosin-Mannschaft
Hörni geht hierhin.
Ohzwei ist hier, er hilft einem Zucker
WÄHRENDDESSEN BEWEGEN SICH DIE MITOCHONDRIEN INS INNERE DER MUSKELFASER BIS ZUM RAUM DER RUDERER, WO DIE GROSSE ANSPANNUNG STATTFINDEN WIRD.
Mitochondrien
Ruderer
DER RAUM DER RUDERER!
DIE RUDERER SITZEN RÜCKEN AN RÜCKEN ZWISCHEN EINER ART GELÄNDER, UND DIESE GELÄNDER SIND STABIL MIT DEN WÄNDEN DES RAUMES VERBUNDEN.
Die Wände nähern sich, damit spannt der Muskel sich an. Wenn sie sich voneinander entfernen, entspannt er sich.
Geländer
Wand
Ruderer
Die Adenosin-Mannschaften klammern sich hier, hier und hier fest.
PLÖTZLICH RUFT DAS GEHIRN:
HALLO, HALLO, HIER DAS GEHIRN! WENN ICH SAGE: ›START!‹, MUSS ANGESPANNT WERDEN:
START!
DIE ADENOSINE SETZEN SICH AUF DIE GELÄNDER. SOFORT WERDEN DIE RUDER DER RUDERER VON DEN ADENOSINEN ANGEZOGEN: KLACK, KLACK!
DIE ADENOSINE WERDEN RANGEZOGEN, UND BEI JEDEM RUDERSTOSS NÄHERN DIE WÄNDE SICH EINANDER AN ...
... UND DER MUSKEL WIRD KÜRZER.
ER HAT SICH ANGESPANNT!
BRAVO, LEUTE, SCHÖNE ANSPANNUNG. IHR KÖNNT JETZT ENTSPANNEN,
SAGT DAS GEHIRN. UND WÄHREND DIE WÄNDE WIEDER IHRE ANFANGSPOSITION EINNEHMEN ...
... VERLASSEN ALLE DEN MUSKEL ...
(nicht verwendete Teilchen, rausgerissene Adenosinteilchen)
JUCHHU!
PLATSCH!
... UND ZIEHEN MIT DEM BLUT DAVON.
Das war super!

Das Krokodil erzählt die Abenteuer von Hörni, dem Hörnchennudelteilchen, und Ohzwei, dem Sauerstoff, im Inneren des Muskels: Wie der Treibstoff hergestellt wird, wie der Muskel sich zusammenzieht und sich bewegt, warum die Luft sich verwandelt …

Susa hat gut zugehört, jetzt sucht sie in der *Enzyklopädie* nach den verschiedenen Möglichkeiten, wie ihr Bruder die Minimikroteilchen loswerden kann, die zu nichts mehr nütze sind.

Dass die Muskeln Wasser produzieren, macht der Katze ziemlich Sorgen. Ihr graut davor, nass zu werden. Also, die Vorstellung, innerlich nass zu sein oder sogar überzuschwappen … brrr! »Genau das passiert, wenn man schwitzt oder feuchten Atem ausatmet«, sagt Susa.

»Und auch, wenn man Pipi macht.«
Susa bastelt übrigens gerade eine Blase und zwei entzückende Pipi-Nieren. Wenn das Blut durch die Nieren fließt, gibt es das Zuviel an Wasser ab und bei der Gelegenheit auch alle anderen Teilchen, die zu nichts mehr nütze sind: Das ist das Pipi, und tschüss!

»Aber«, fügt Susa hinzu, »weißt du, dass trotzdem noch viel Wasser in mir bleibt? Dass Wasser mehr als die Hälfte meines Gewichts ausmacht?« Die Puppen und Stofftiere glauben, Susa würde einen Witz machen. Aber es ist wahr. Susa besteht aus verschiedenen Bestandteilen, darunter vielen Wasserteilchen. (Schneemänner dagegen bestehen ausschließlich aus Wasserteilchen.)

Das Krokodil erklärt, dass diese Teilchen wie winzige Bausteine sind, die je nach cer Art, wie sie sich verbinden, ganz verschiedene Stoffe bilden. Er gibt ein Beispiel.
Die Ente findet das magisch. Völlig verrückt.

HAUT

Wenn man die Haut flach ausbreiten könnte, würde sie so aussehen wie hier auf dem Bild und etwa die Größe einer Erwachsenenbettdecke haben. Aber sie umhüllt den Körper und wächst mit ihm, wie ein Gummianzug.

EIN SCHNITT

Blut fließt aus der Wunde: Damit drückt es allen möglichen Dreck, der mit dem Messer hat eindringen können, nach draußen.

Das Blut trocknet: Die Blutplättchen bilden einen Krustenverband, um die Wunde zu schützen.

EIN VERGRÖSSERTES STÜCK HAUT

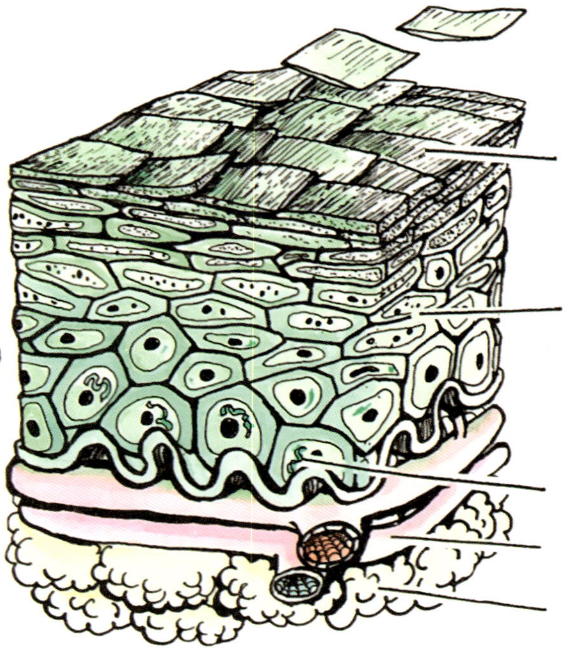

MELANIN

Melanin ist ein Farbstoff, der in den Hautteilchen sitzt.

viel Melanin = dunkle Haut
wenig Melanin = helle Haut

Jetzt bleibt nur noch, den Bruder in eine gute Schutzhaut einzupacken und die Nervenkabel anzuschließen, damit er spürt, was er berührt. Dafür hat Susa Verpackungsfolie verwendet.

Sie hat an den richtigen Stellen Löcher gelassen: Löcher für die Augen, für die Nase, die Ohren, den Mund, ein kleines Loch am Hintern und ein kleines Loch am Penisende. (Manche Spielzeugfiguren finden das sehr interessant, sie gucken sofort im Lexikon nach, wie der Penis gemacht ist.)

Das Krokodil, das ein kleines Wehwehchen an der Pfote hat, untersucht, wie seine Haut wieder heilt. Die Ente fragt, ob auf diese Weise vielleicht Babys entstehen: aus einem Stückchen Mama, das zu stark gewachsen ist.

Tatsächlich können sich manche Pflanzen auf diese Weise vermehren. Aber bei menschlichen Babys geht das ein bisschen anders. »Uns egal«, unterbricht Susa. »Wir bauen hier einen großen Bruder, kein Baby.«

BABYSAMEN

Manche Tiere, zum Beispiel Ameisen, Bienen und Geckos, brauchen nicht unbedingt Papasamenkörnchen, um Babys zu machen. Ein Mamasamenkörnchen kann genügen.

In den meisten Fällen ist aber ein Papasamenkörnchen und ein Mamasamenkörnchen nötig. Das Aufeinandertreffen der beiden Samenkörnchen geschieht entweder draußen, wie bei den Forellen,

oder im Papa, wie bei den Seepferdchen,

oder in der Mama, wie bei Menschen und Krokodilen,

oder unterschiedslos im einen oder anderen, wie bei den Schnecken, die sowohl Mädchen als auch Junge zugleich sind.

BEI KROKODILEN

JUNGE (PENIS)

Pipi und Babysamen nehmen denselben Weg (aber nicht zur selben Zeit).

MÄDCHEN (SCHEIDE)

Pipi und Babysamen nehmen zwei unterschiedliche Wege.

EI INNEN, EI AUSSEN

Wenn die Hülle hart wird (wie bei Krokodilen), ist es ein Ei. Die Mama wird das Ei bald legen.

Sobald das Ei gelegt ist, verändert es seine Größe nicht mehr, während das Baby gut geschützt im Inneren wächst. Bevor es den Bauch seiner Mutter verlassen hat, hat es sich einen Picknickbeutel zurechtgemacht, und je mehr es von dem Beutel verbraucht, desto mehr Platz hat es zum Wachsen.

Wenn die Hülle weich bleibt, so wie bei den Menschen, behält die Mama sie in ihrem Bauch, und die Hülle wächst gleichzeitig mit dem Baby. Um sich zu ernähren, verwendet das Baby eine Art Vorratsschrank, der an das Blutsystem der Mama angeschlossen ist, so lange, bis es bereit ist, auf die Welt zu kommen.

Alle sind sehr neugierig zu erfahren, wie Babys gemacht werden, außer Susa, die das überhaupt nicht interessiert und sich die Ohren zuhält.
Es gibt ganz viele Arten, Babys zu machen.

Aber bei den Krokodilen wie bei den Menschen beginnt alles mit der Verschmelzung von zwei speziellen Teilchen: Nennen wir sie Babysamen. Sie können sich nur treffen, wenn Penis und Scheide zusammenkommen.

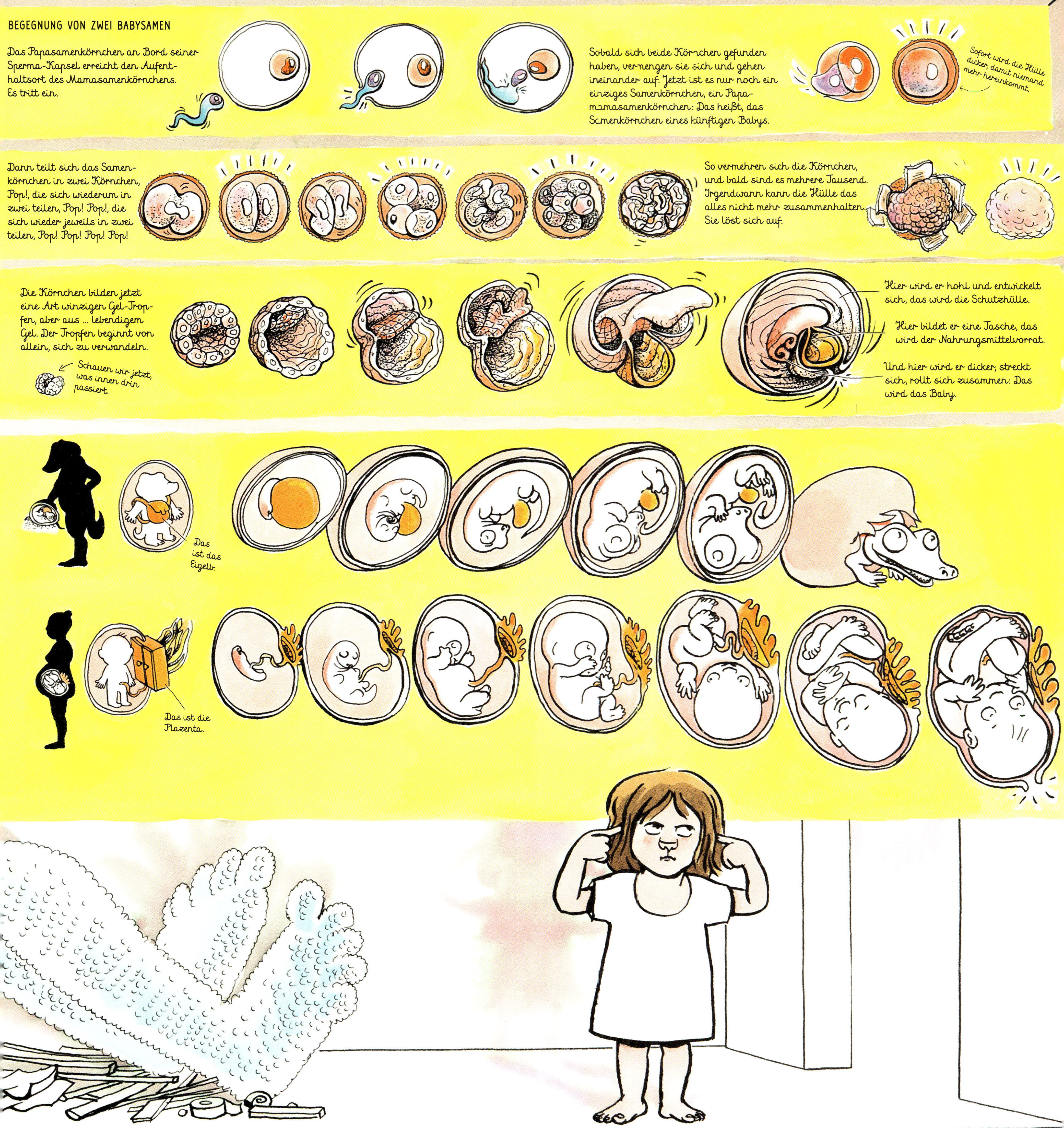

Dass zwei winzige Samen zu so was fähig sind, bringt alle zum Staunen.

Das Krokodil erklärt, dass unter den tausendmillionenmilliarden Teilchen, aus denen die Welt zusammengesetzt ist, nur manche Teilchen – die Zellen – sich vermehren können. Und nur manche dieser Zellen können Babys machen. Eine Zelle ist der kleinstmögliche lebende Organismus.

Es ist unmöglich, eine Zelle mit bloßem Auge zu erkennen. Der Erste, der eine gesehen hat, war Robert Hooke, und zwar durch das Mikroskop, das er erfunden hat. Und er hat das Wort *Zelle,* dafür gewählt: In der Zelle ist das *Notwendigste zum Leben* enthalten, so wie in einer Gefängniszelle oder in einer Mönchszelle.

Aber die Zelle besteht selbst aus Teilchen, die selbst aus Teilchen bestehen, die selbst aus Teilchen bestehen …
Die Zelle ist das kleinste lebende Teilchen, aber nicht das kleinste Teilchen der Welt.

Die Katze und die Puppe konzentrieren sich und versuchen sich die Welt in Teilchen vorzustellen.
Die Katze sagt: »Allein bei dem Gedanken daran wird einem ganz schwummerig.«

Aber Susa sind die Teilchen egal, sie hat es eilig und will, dass der Bruder endlich fertig wird. Mit Nadel und Faden näht sie ihm Haare auf den Kopf, Brauen über die Augen und Wimpern an die Lidränder. Die Haare werden ihn vor der Sonne schützen, die Brauen die Regentropfen ablenken, die Wimpern den Staub wegfegen.

Dann befestigt Susa Muscheln an jedem Finger und jedem Zeh, um ihn vor Stößen zu schützen, genau wie es Finger- und Zehennägel tun.

Jetzt ist der Moment gekommen, den Test zu wiederholen.

»TEST! Bruder, steh auf!«

Der Bruder rührt sich nicht.
Hat Susa etwas vergessen?
Das muss sie überprüfen.

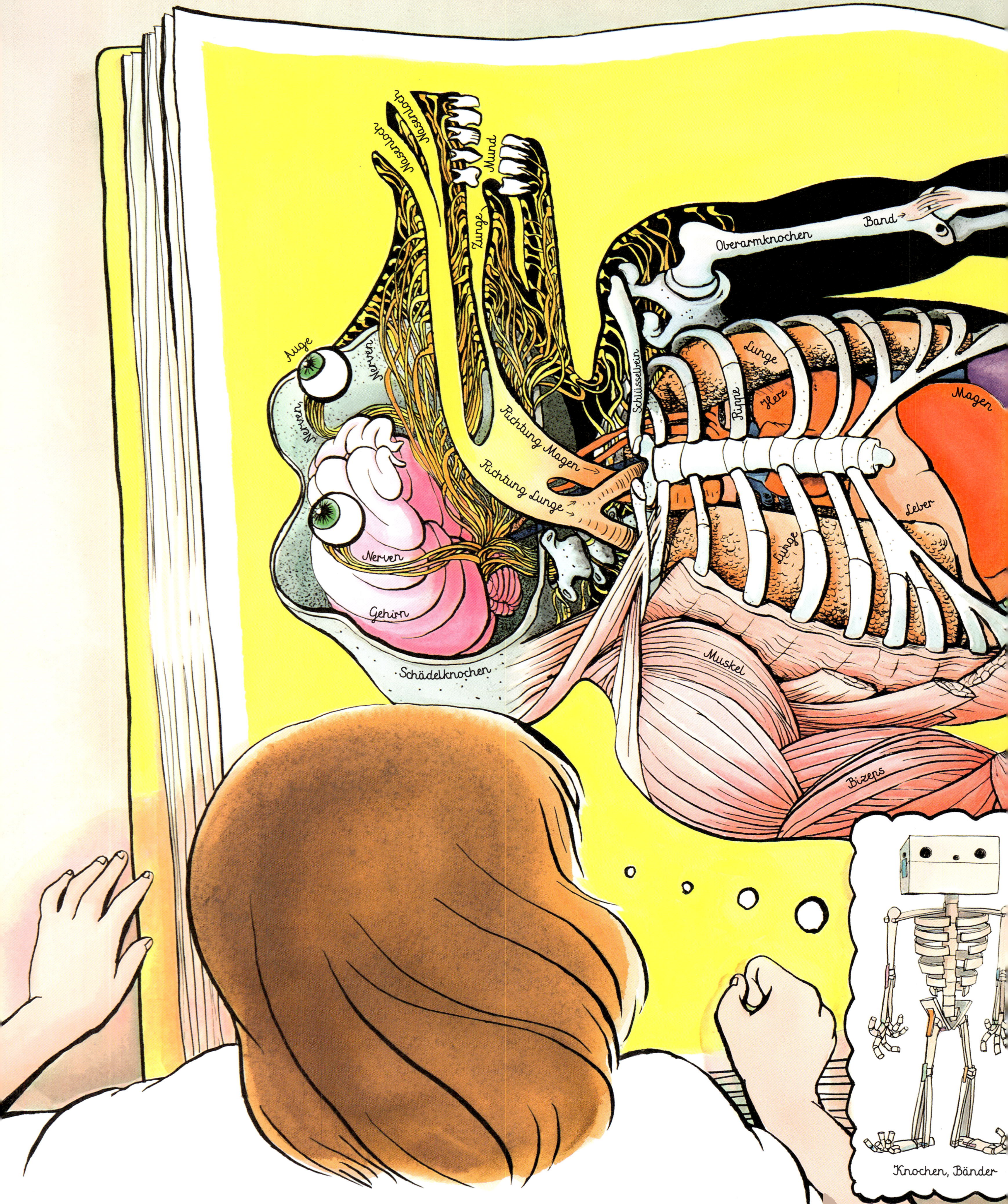
Nasenloch
Nasenloch
Mund
Zunge
Oberarmknochen
Band
Auge
Nerven
Nerven
Schlüsselbein
Lunge
Rippe
Herz
Magen
Richtung Magen
Richtung Lunge
Leber
Lunge
Nerven
Gehirn
Schädelknochen
Muskel
Bizeps
Knochen, Bänder

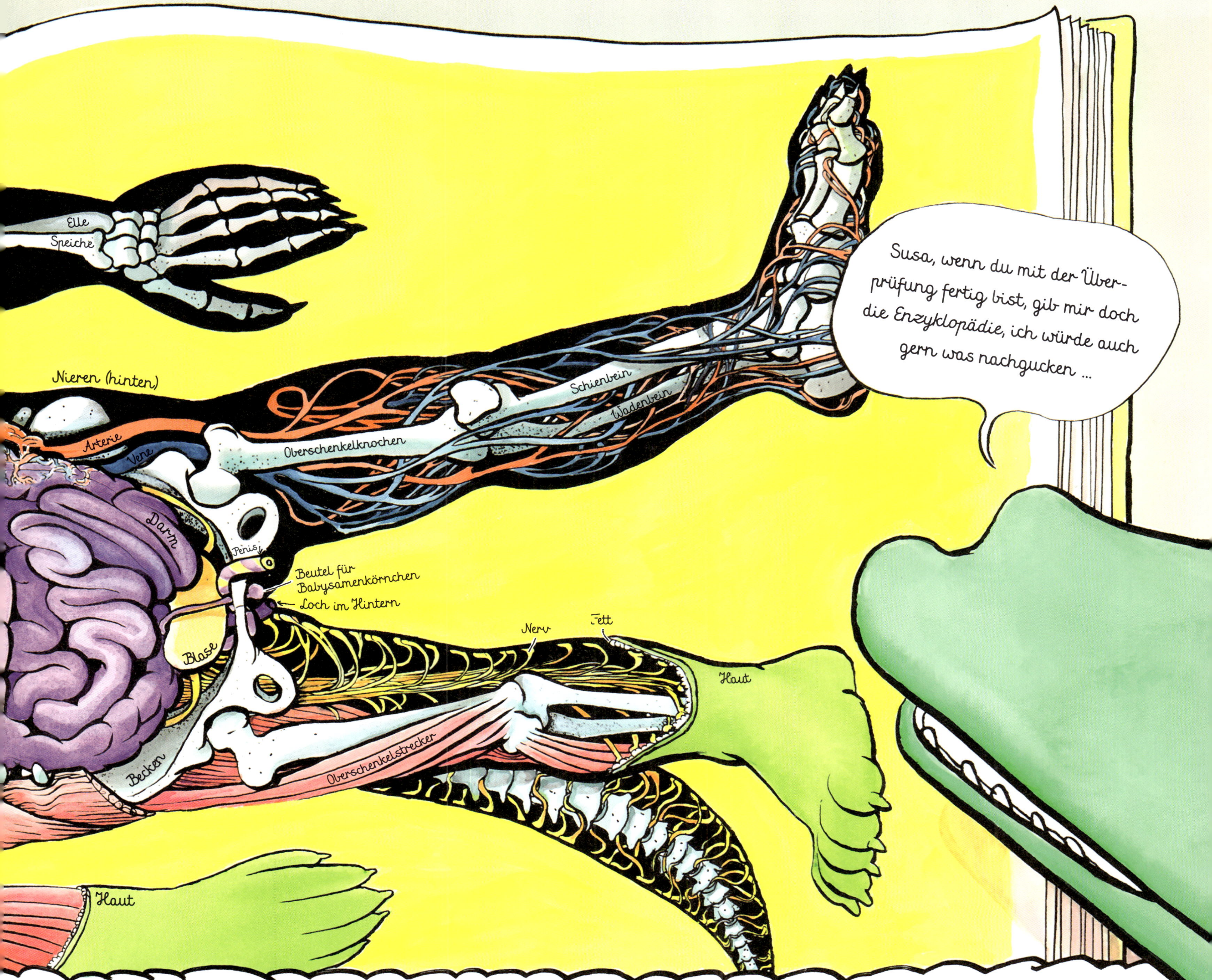
Elle
Speiche
Nieren (hinten)
Arterie
Vene
Darm
Penis
Beutel für Babysamenkörnchen
Loch im Hintern
Blase
Becken
Oberschenkelknochen
Schienbein
Wadenbein
Oberschenkelstrecker
Nerv
Fett
Haut
Haut
Susa, wenn du mit der Überprüfung fertig bist, gib mir doch die Enzyklopädie, ich würde auch gern was nachgucken …

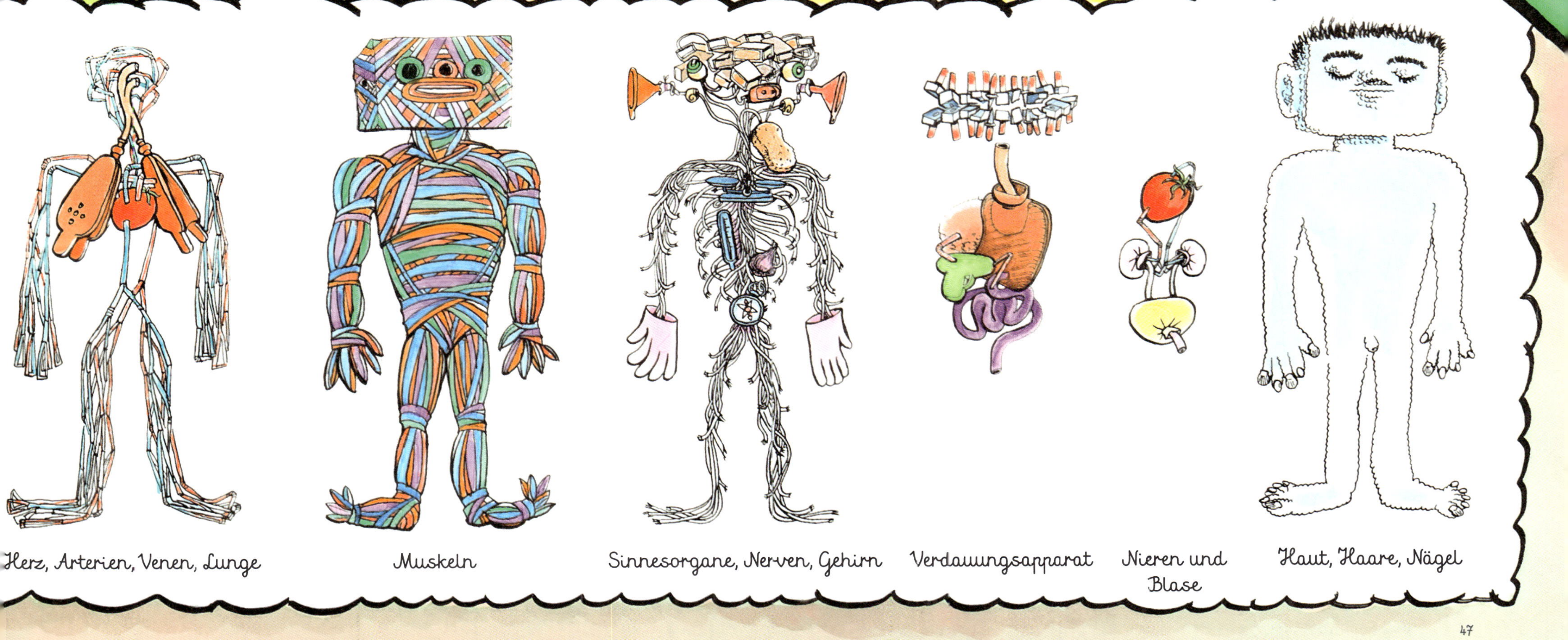
Herz, Arterien, Venen, Lunge
Muskeln
Sinnesorgane, Nerven, Gehirn
Verdauungsapparat
Nieren und Blase
Haut, Haare, Nägel

Und während das Krokodil in der *Enzyklopädie* nach Geschichten von fabrizierten Geschöpfen sucht, die lebendig wurden, diskutieren Puppen und Stofftiere darüber, warum der Bruder nicht funktionieren wird: Schließlich haben sie selbst weder Herz, noch Leber, noch irgendetwas anderes dieser Art und kommen sehr gut zurecht.

(Tatsächlich denken sie schon von Anfang an, dass Susas Plan totaler Quatsch ist.)

Da kommt Marianna angekrabbelt.
Sie ist die kleine Schwester von Susa.

Widu bielen?

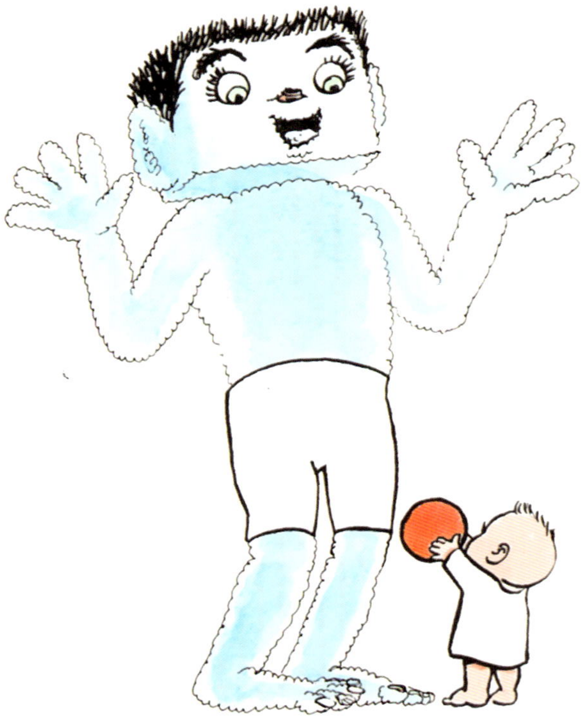

Ich hab's geschafft!

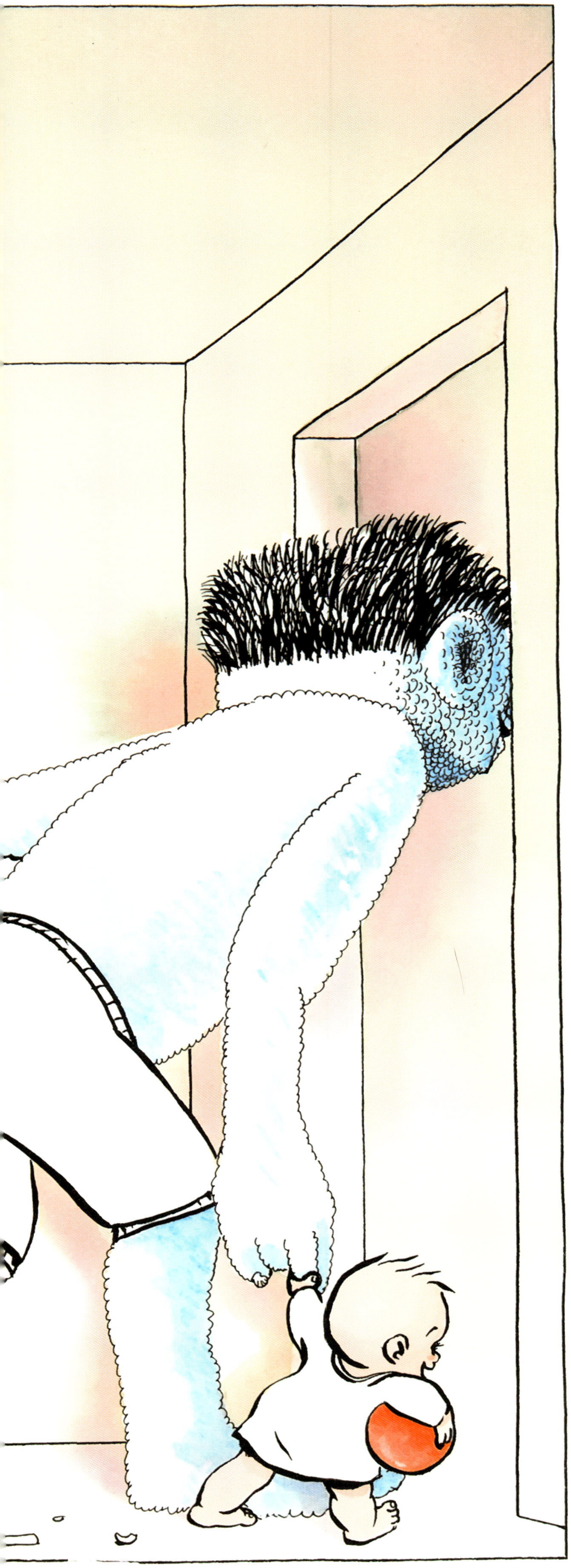

Susa hat's geschafft!!
SUSA HAT ES GESCHAFFT, UND »WIDU BIELEN« IST
DIE RICHTIGE METHODE!

JUUUUHUUUUUUUU!

He, wartet auf uns!

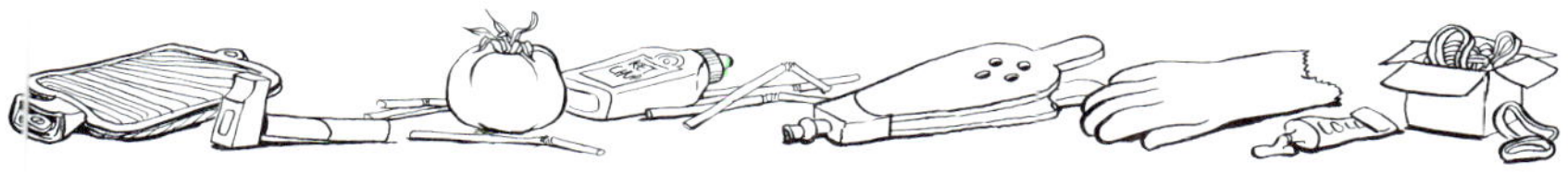

INHALTSVERZEICHNIS